Z会

小学生のための

思考力
ひろがる
ワーク

発展編

JN097892

はじめに

学校の教科学習とは異なる "思考力" を身につけます

　『Ｚ会　小学生のための思考力ひろがるワーク』は，学校の教科学習とは異なる観点での「思考力」を身につけるためにつくられた本です。パズルのように楽しく挑戦することで，自然と「思考力」が身につきます。

　１つ１つの問題にじっくりと取り組むことで脳が活性化する快感,解けた瞬間の「わかった！」と目の前が明るくなる達成感が味わえる問題を揃えました。考えることが好きになれるワークです。

知識そのものではなく，"知識を使う力" を養います

　知識そのものを身につけるのではなく，知識の運用力を問う問題が基本です。教科書や問題集などでは見たことのないような問題の中に，「教科で学ぶ知識が問われる要素」と「知識を活用する力が問われる要素」をバランスよく盛り込んでいます。

　要求される知識としては難しくないものの，発想力や着眼点で高度なレベルを要求するものも多くあります。とくに，　のマークがついているものができたときは，自信をもってよいでしょう。

総仕上げに最適な『発展編』

　必要な知識は小学生までに学ぶものでありながら，高度な思考を要求するハイレベルな問題を多数掲載しました。さまざまな問題形式をご用意しましたので，「思考力」がバランスよく身につきます。小学生のうちに身につけておきたい「思考力」の総仕上げに最適です。

今，求められている"思考力"とは

子どもたちを取り巻く環境の変化

　近年，インターネットの普及やAI（人工知能）の進歩，グローバル化の進行などにより，社会環境の変化はますます速くなっています。このような社会を生き抜くためには，自ら課題を発見していく力や，状況に合わせた柔軟なものの見方が大切です。

　これを受けて，教育の現場では「思考力・判断力・表現力」や，「主体性を持って多様な人々と協働して学ぶ態度（主体性・多様性・協働性）」が評価されるようになってきました。また，中学校・高校・大学の入学試験でも，知識を問うだけではなく，知識を応用し活用して解く問題が目立つようになってきました。各校が，ひいては社会全体が，「自ら課題を見つけ，他者と共に行動して，答えや新しい価値を生み出せる人材」を求めているのです。

本書で"思考力"を身につける

　このような人材になるためには，それぞれの教科で学ぶ知識を理解することももちろん重要ですが，それだけでは十分とはいえません。教科ごとの学習を"縦糸"としたとき，それらを結びつけ広げていく"横糸"をもっていることが大切です。

　この"横糸"にあたる「思考力」を養うことを目的につくられたのが，本書『Z会 小学生のための思考力ひろがるワーク』シリーズです。国語，算数などの教科学習で学んだ知識や，日常生活で習得した知識を土台にして，その上に「連想力」「試行錯誤力」「論理的判断力」「情報整理力」「注意力」「推理力」といった幅広い力を身につけていきます。

本書で身につく６つの力

連想力（思いつく力）

あるものごとから，別のものごとを考え出していく力です。部分的な情報から全体像を思い浮かべたり，以前体験したことや既知の知識との関連を見いだして，課題の解決策を考えたりする力が，これにあたります。

試行錯誤力（いろいろ試す力）

仮定を立て検証する，その繰り返しによって問題を解決していく力です。「こうしてみたらどうだろう？」と，解決策につながりそうな手法を複数考え出す力はもちろん，ものごとにねばり強く取り組む力もふくまれます。

論理的判断力（順序立ててきちんと考える力）

きちんとした根拠にもとづいて，結論を導くことができる力です。ものごとを伝えたり，相手を説得したりといった場面で，「○○である，なぜならば△△だから」と，正当な根拠をもって説明する力でもあります。

情報整理力（整理する力）

与えられた情報を整理し，まとめる力です。効率よく答えを導くために情報をわかりやすく整理したり，多くの情報の中から必要なものを見抜いたりといった力があてはまります。

注意力（よく見る力）

全体を見渡すことができる力・細かい部分に気がつくことができる力です。全体と部分を比べての違いや正しいものを発見する力がふくまれます。

推理力（見抜く力）

直接は見えない規則・事象などを推し量り，見抜くことができる力です。法則や規則性を見つけ出す力が該当します。

もくじ

この本の使い方

1 この本には，問題が **1** から **50** まであります。**1** から順番に取り組みましょう。
わからない問題は，あとまわしにして，あとからもう一度考えてみましょう。

2 1回分が終わったら，『解答編』を見ながら〇つけをしましょう。

3  のマークがついている問題は，<ruby>難<rt>むずか</rt></ruby>しい問題です。
これが<ruby>解<rt>と</rt></ruby>けたら，おうちの人に<ruby>自慢<rt>じ まん</rt></ruby>しましょう。

> わたしがときどきヒントを出すよ。
> いっしょにがんばろう！

《保護者の方へ》本書のご案内

■問題

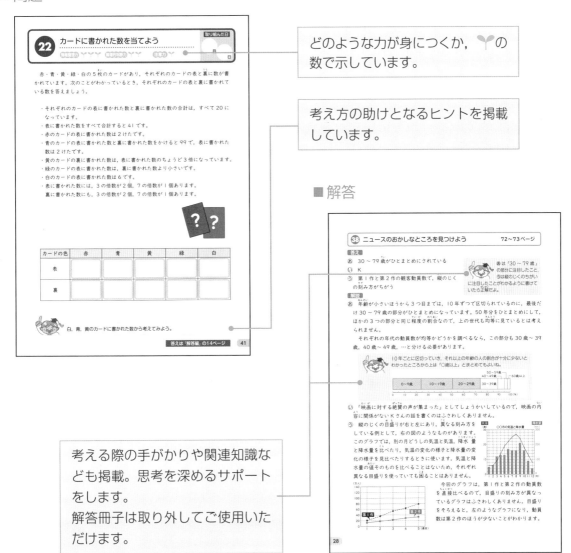

どのような力が身につくか，🌱の数で示しています。

考え方の助けとなるヒントを掲載しています。

■解答

考える際の手がかりや関連知識なども掲載。思考を深めるサポートをします。
解答冊子は取り外してご使用いただけます。

※本書に掲載している問題について

　本書に掲載している問題には，お子さまの学年より上の学年で学ぶ知識を使うものもふくまれることがあります。もし難しく感じる問題があったら，飛ばしてもかまいません。しばらく経ったあとに，もう一度取り組んでみるよう，声をかけてあげてください。

ボールを拾いながら進もう

試行錯誤力 ＹＹＹ　情報整理力 ＹＹ　注意力 Ｙ

　左下の《スタート》から，右下の《ゴール》まで， ルール にしたがって進みます。
通る道を線でなぞりましょう。

ルール

- すべてのボールを拾いながら進む。
- 番号が付いたボールは１→２→３→…の順に拾う。
- 同じ道やボールがある場所は２回以上通れない。

①

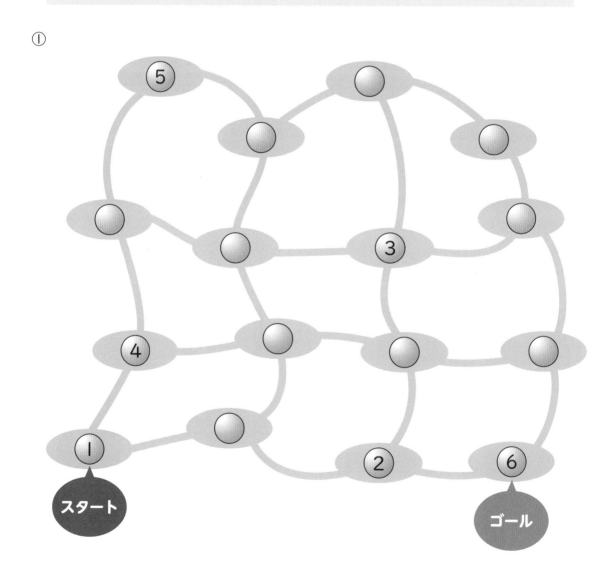

②

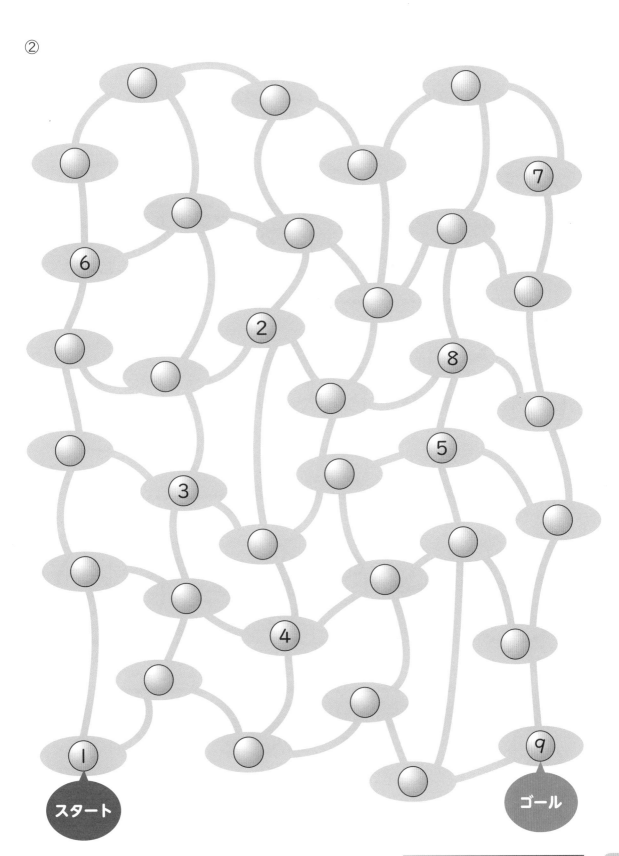

7

6

2

8

5

3

4

9

スタート

ゴール

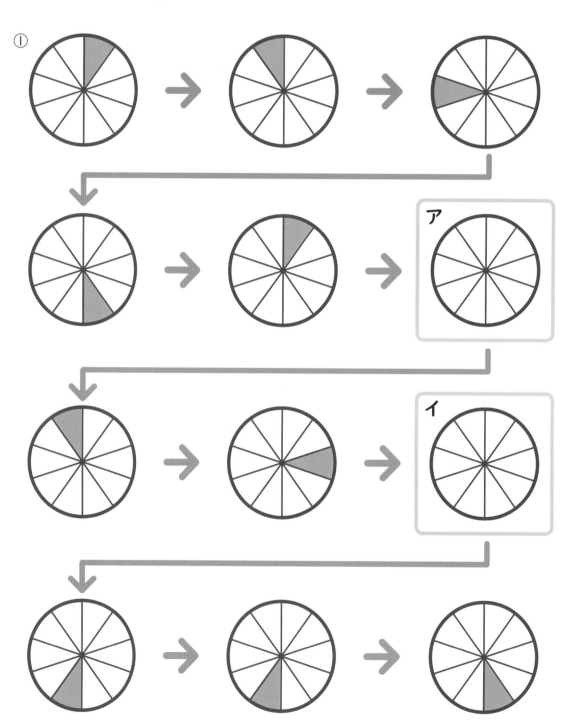

あるきまりにしたがって，図が並んでいます。どのようなきまりか考えて，□に入る図をかきましょう。

①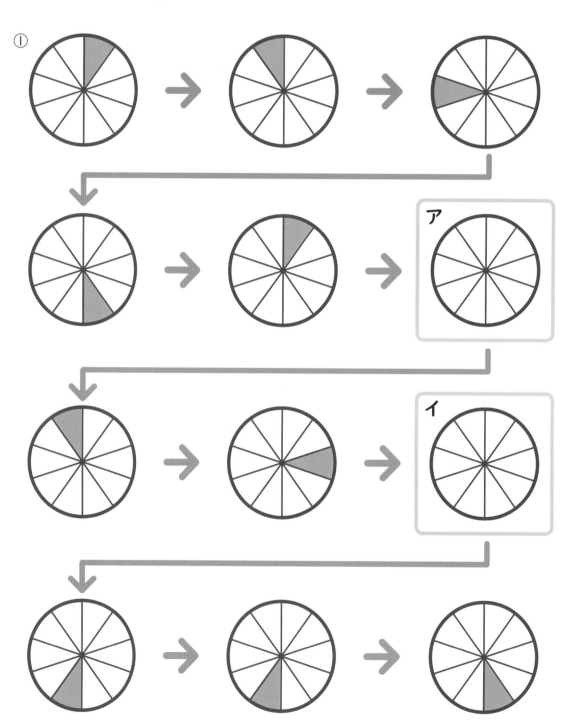

②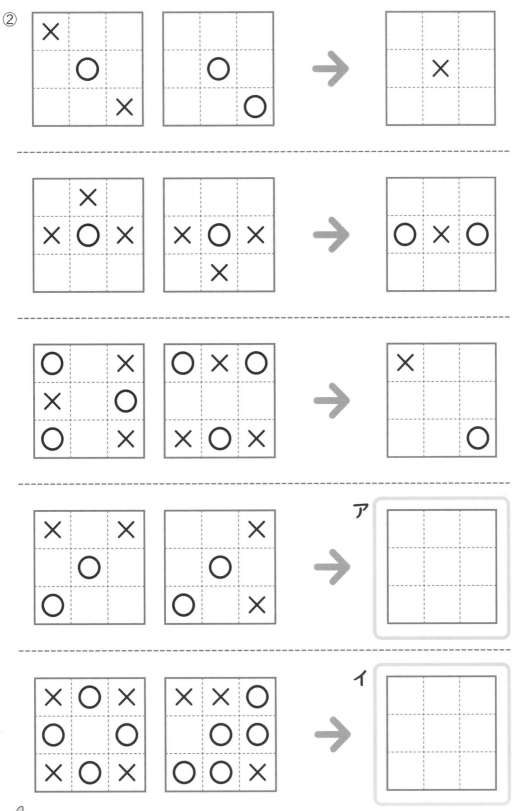

②は，左の2つの図と右の図にどんな関係があるか考えてみよう。

□に ＋，－，×，÷ の記号を入れて，正しい式になるようにしましょう。

《例》

$1 \boxed{+} 2 \Box 3 \Box 4 \boxed{-} 5 = 6 \rightarrow 1 \boxed{+} 2 \boxed{\times} 3 \boxed{+} 4 \boxed{-} 5 = 6$

① $1 \Box 2 \boxed{+} 3 \Box 4 \boxed{+} 5 = 6$

② $12 \Box 3 \Box 4 = 56 \Box 7$

③ $12 \Box 3 \Box 4 \Box 5 \Box 6 = 78$

④ $1 \Box 2 \Box 3 \Box 45 \boxed{-} 6 \Box 7 = 8$

 ⑤ $1 \Box 234 \Box 5 \Box 6 \Box 7 \Box 89 = 100$

 （　）を使うことはできないよ。

A , B にはそれぞれ同じひらがな 1 文字が入ります。A , B に入る文字をそれぞれ答えましょう。

① こ A ちょ A B ん B い

A ⬜　B ⬜

② た A りょ B そ B て A

A ⬜　B ⬜

③ A B ど A し B けい

A ⬜　B ⬜

④ じ し A B A B A

A ⬜　B ⬜

5 賞品を当てよう

推理力 ❣❣❣　連想力 ❣❣

　商店街でクイズ大会が行われました。《問題》が解けた人は，賞品としておにぎり弁当がもらえます。《問題》を解くとわかる賞品のお弁当の中身を，**ア〜エ**の中から１つ選んで記号に〇をつけましょう。

ア

うめぼし + さけ

イ

おかか + おかか

ウ

ごましお + ごましお

エ

てんむす + ツナ

《問題》

「熱意」は，ふつうは「ねつい」と読みますが，あるルールにしたがうと「あつい」という読みになります。このルールで次の熟語の読みを答えましょう。

ここを読むと，賞品がわかるよ！

動機			き
学部			ぶ
白衣			い
同時			じ
防具			ぐ
便利			り
冷帯			た	い

　いくつかの正三角形を組み合わせてできた形があります。形の中に，ひし形と台形が何個ずつあるか数えて答えましょう。

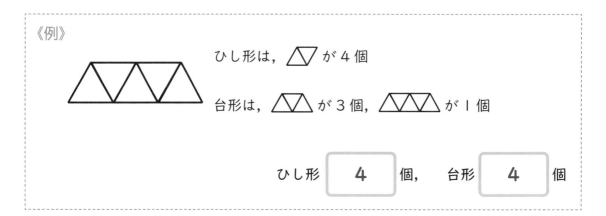

《例》

ひし形は，△▽ が４個

台形は，△▽△ が３個，△▽△▽ が１個

ひし形　**4**　個，　台形　**4**　個

①

ひし形 ☐ 個，　台形 ☐ 個

チャレンジ ②

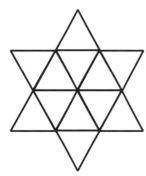

ひし形 ☐ 個，　台形 ☐ 個

よしたかさんは，いろいろな植物を表す漢字について調べ，気づいたことをメモしました。よしたかさんのメモをヒントに，左右を正しく組み合わせ，線でつなぎましょう。

土筆

この植物は，土から筆が生えてきたように見えるので，この漢字がぴったりだと思いました。

・　　　　　・　ひまわり

向日葵

字のように，太陽の動きに合わせて花の向きを変えるイメージですが，実(じつ)は向きを変えるのは花がさく前までで，大きくなると動かなくなるそうです。

・　　　　　・　くるみ

南瓜

この植物は，ポルトガル人がカンボジアの植物として日本に伝えたものだそうです。「瓜」は「うり」と読み，南蛮人(なんばんじん)（当時のポルトガルなどの人）が伝えたうりの仲間だからこの字になったようです。読み方は国名がなまったものだと書いてありました。

・　　　　　・　いちじく

・　　　　　・　かぼちゃ

胡桃

桃は「もも」と読みます。たねの形がもものたねによく似ているのでつけられたそうですが，この植物自体はももの仲間ではありません。よく食べられるのは，たねを割(わ)った中の部分なんだそうです。

・　　　　　・　つくし

8 英単語を1回ずつ入れよう

情報整理力 ⅄⅄⅄　論理的判断力 ⅄⅄　試行錯誤力 ⅄

≪リスト≫にある英単語を，ルールのとおりにますの中にすべて入れましょう。最後に，□に入った文字を使って，答えを作りましょう。

※出題の都合上，英単語はすべて大文字にしています。

ルール

・どの英単語も，左→右か，上→下の方向に，1ますに1文字ずつ入れる。

・英単語は1回ずつしか使えない。

≪リスト≫

3文字	4文字	5文字
BAT（こうもり） DOG（犬） PIG（ぶた）	BEAR（熊） BIRD（鳥） DEER（鹿） GOAT（やぎ）	CAMEL（らくだ） HORSE（馬） KOALA（コアラ） OTTER（かわうそ） SHEEP（羊）

6文字	7文字
BEAVER（ビーバー） DONKEY（ろば） MONKEY（さる） TURTLE（かめ）	GIRAFFE（きりん） GORILLA（ゴリラ） HAMSTER（ハムスター） RACCOON（あらいぐま）

答え

①	②	③	④	⑤	⑥	⑦	⑧

① Aさん，Bさん，Cさんの3人が薬局に買い物に行きます。3人とも，1箱 400円のばんそうこうを1箱ずつ買いたいのですが，今，薬局にはおつりがまったくありません。3人がどの順番で買えば，全員がばんそうこうを買うことができますか。ただし，3人の間でお金のやり取りはしないものとします。

《3人のさいふの中》

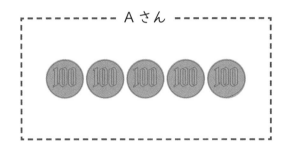

 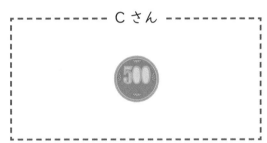

| さん | → | さん | → | さん |

② Dさん，Eさん，Fさん，Gさん，Hさんの5人が書店に買い物に行きます。5人とも，1冊320円の本を1冊ずつ買いたいのですが，今，書店にはおつりがまったくありません。5人がどの順番で買えば，全員が本を買うことができますか。ただし，5人の間でお金のやり取りはしないものとします。

《5人のさいふの中》

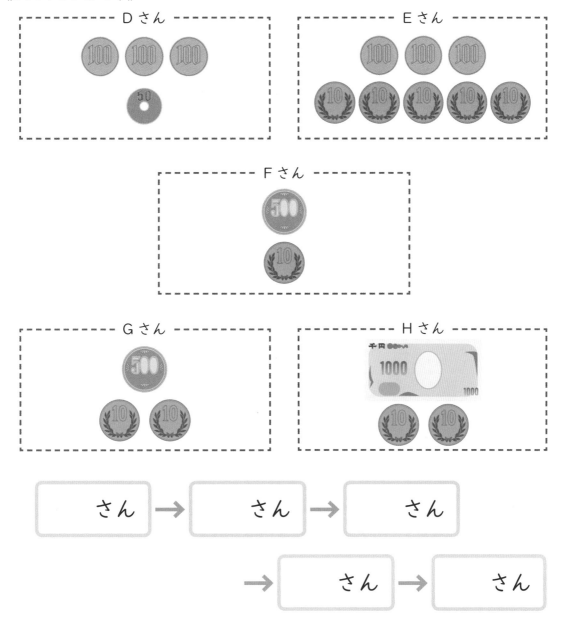

10 おかしなところを見つけよう ①

注意力 💛💛💛　情報整理力 💛　推理力 💛

みどりさんは，理科の授業で実験をしました。実験の様子は次のようになりました。

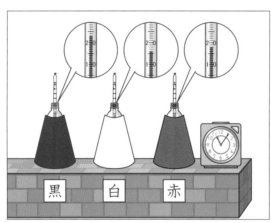

　実験が終わったあと，記録をつけましたが，5か所の文字をまちがえて書いてしまいました。まちがえた文字が2文字以上続いていることはないそうです。

　まちがっている文字に〇をつけ，正しい文字を右に書きましょう。

実験の様子とくいちがっている部分がないかにも気をつけよう。

もののあたたまり方と色の関係

2月18日　青山みどり

（1）調べたいこと

　　大陽の光を当てたとき，当てたものの色とあたたまり方
　に関係があるかどうかを調べる。

（2）実験の手順

　　①　3本のペットボトルに水を入れ，水の温度を記録する。
　　②　①のペットボトルに黒，白，赤の画用紙を1枚（まい）ずつ巻（ま）き，
　　　日当たりがよい場所に置く。
　　③　1時間後の水の温度を記録する。

（3）わかったこと

　　実験前と，実験を開始して1時間後の水の温度は，次の
　ようになった。

	黒	白	赤
実験前	14℃	14℃	14℃
1時間後	23℃	16℃	68℃

　　実験の結果，黒い画用紙を巻いたペットボトルの水がもっ
　ともあたたまりやすく，赤い画用紙を巻いたペットボトル
　の水がもっともあたたりりにくいとわかった。

（4）感想

　　もののあたたまりやすさと色には関係があるとわかった
　ので，たとえば夏の熱い日に服の色を工夫（くふう）することで，す
　ずしく過（す）ごせそうだと思った。

あてはまるものを選ぼう

情報整理力 🌱🌱🌱　連想力 🌱🌱

　次のヒントは，あるものを説明しています。何を説明しているか考えて，あてはまるものに〇をつけましょう。

①
・県庁所在地は県名と同じ名前です。
・世界遺産があります。
・島の数が最も多い県です。
・１つの県としか陸でつながっていません。

青森県　　長崎県　　山口県　　石川県

②
・直径およそ 13000km の星です。
・陸地があることが確認されています。
・この星自身は光りません。
・この星にはうさぎがいます。

地球　　火星　　月　　太陽

③
・町中の目立つところにあります。
・勝手に開けることができません。
・ほぼ毎日，職員がやってきます。
・中のものを出すことができるのは職員だけです。

郵便ポスト　　飲み物の自動販売機
消火栓　　電話ボックス

12 にせの金貨を見つけよう

論理的判断力 🌱🌱🌱　情報整理力 🌱🌱🌱

　A，B，C，D，E，F，G，Hの8つの金貨があります。このうち6つは本物ですが，残りの2つはにせ物です。本物とにせ物は，形も大きさも同じですが，にせ物は少しだけ軽いです。本物の6枚の金貨，にせ物の2枚の金貨は，それぞれ同じ重さです。

　にせ物の金貨を見つけるために，次のようにてんびんで重さをはかりました。にせ物の金貨がどれとどれかを答えましょう。

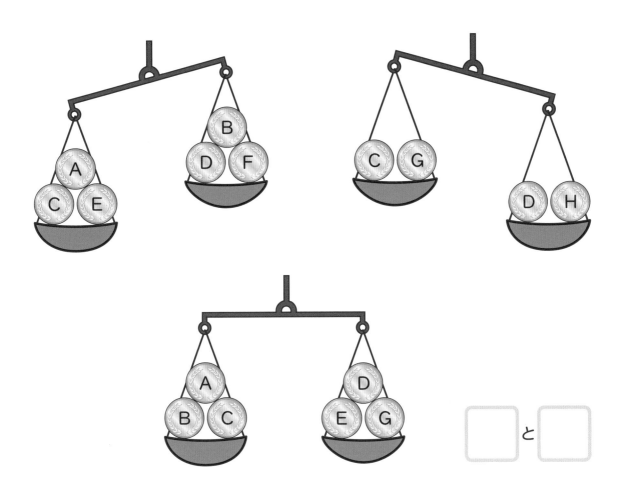

と

　日本にある県のうち3つについて，県の形と県庁所在地の形をかきました。図はすべて上が北で，縮尺は同じです。また，――は県境，――は市町村境，――は海岸線です。小さな島は省略しています。

　県と県庁所在地を正しく組み合わせて，線でつなぎましょう。

<県の形>　　　　　　　　　　　<県庁所在地の形>

あ　・

・　ア

い　・

・　イ

う　・

・　ウ

答えは『解答編』の9ページ

14 ２つの読み方ができるようにしよう

連想力 🌱🌱🌱　推理力 🌱🌱　試行錯誤力 🌱

次の２つの読み方で言葉ができるように，□に漢字を１文字ずつ入れましょう。

《１つ目の読み方》 →の向きに，①→②→③の順に読みます。
《２つ目の読み方》 ←の向きに，❶→❷→❸の順に読みます。

① おもちゃの名前です。

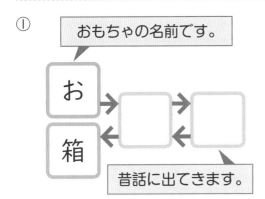

お→□→□
箱←□←□

昔話に出てきます。

② 「限（かぎ）られた一部の場所だけ」という意味です。

局→□→□←目

ここを目指します。

③ ○○○な機械が登場する。

高→□→□←可

便利な機械が登場する○○○が高い。

15 同じ形のかたまりに分けよう

論理的判断力 ￥￥￥　試行錯誤力 ￥￥￥　情報整理力 ￥

ルール を読んで，いくつかのかたまりに分けましょう。

ルール

- 分けるときは，点線に沿って分ける。
- 同じ大きさ，同じ形のかたまりに分ける。
- 同じ生き物の絵が同じかたまりに入るようにする。
- ちがう生き物の絵が同じかたまりに入ってはいけない。

《例》 4つのかたまりに分けましょう。

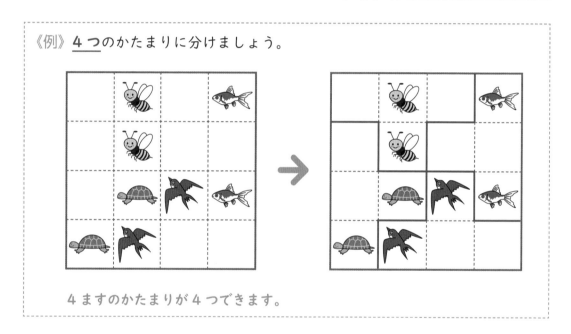

4ますのかたまりが4つできます。

① 4つのかたまりに分けましょう。

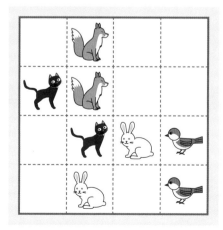

② 5つのかたまりに分けましょう。

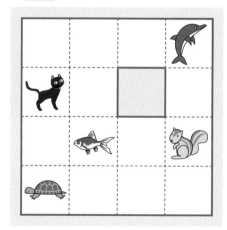

③ <u>6</u>つのかたまりに分けましょう。

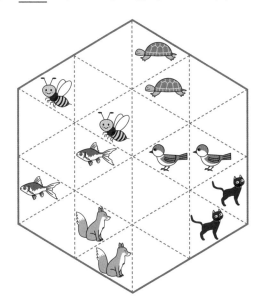

④ <u>4</u>つのかたまりに分けましょう。

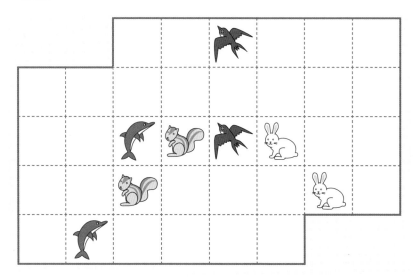

 それぞれ，いくつのますでできたかたまりに分けるのかな。

ぼうを糸でぶら下げたものに，かざりをつるすと，モビールというおもちゃができます。つり合うようにモビールを作るためには，

> かざりの重さ × 支えているところからの長さ

が右と左で同じになるようにします。

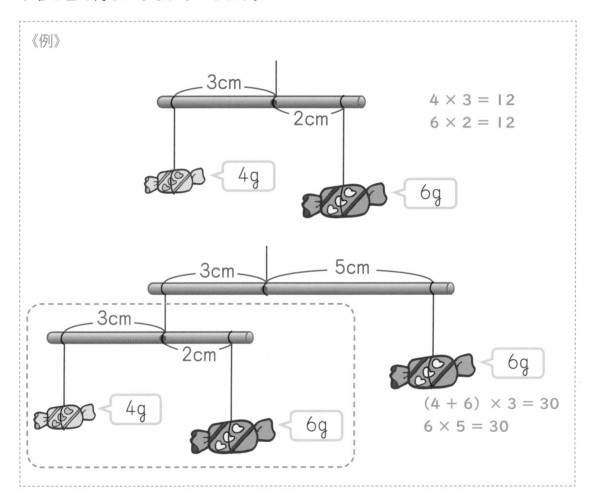

《例》

$4 × 3 = 12$
$6 × 2 = 12$

3cm　2cm　4g　6g

3cm　5cm
3cm　2cm
4g　6g　6g

$(4 + 6) × 3 = 30$
$6 × 5 = 30$

　6種類のかざりを使って，右のページにある3つのモビールA，B，Cを作ったところ，すべてのぼうがつり合いました。同じ形のかざりは同じ重さで，🔔のかざりの重さは45gです。また，ぼうや糸の重さは考えないことにします。それぞれのかざりの重さを□に書きましょう。

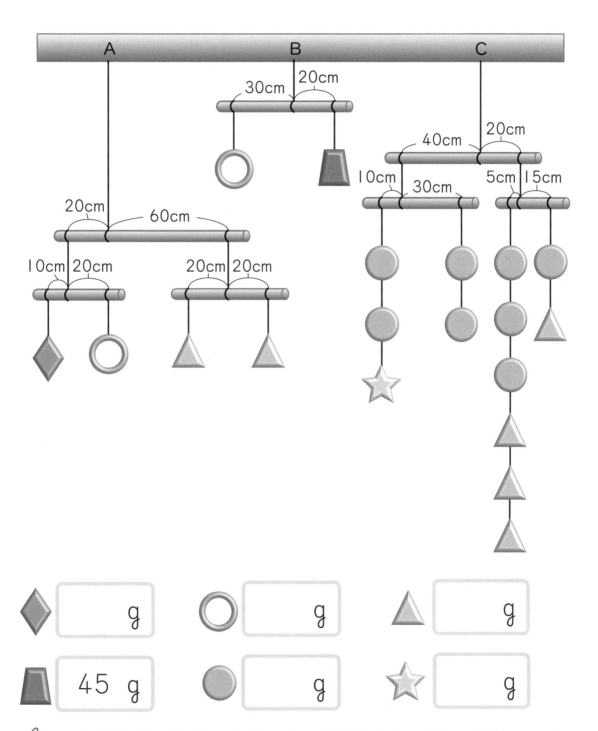

重さがわかっているかざりがあるね。まずは，これとつり合っているかざりについて調べてみよう。

17 漢字2文字の言葉を作ろう

連想力 🌱🌱🌱　試行錯誤力 🌱🌱🌱　推理力 🌱

取り組んだ日

月　日

《例》のように，縦と横でそれぞれ漢字2文字の言葉が4つずつできるように，□に漢字1文字を入れましょう。

《例》

先 → □ → 活　➡　学 → **生** → 活
（縦：先・魚）

「先生」，「学生」，「生活」，「生魚」の4つの言葉ができます。

① 　　予
　　　↓
情 → □ → 道
　　　↓
　　　告

② 　　無
　　　↓
証 → □ → 語
　　　↓
　　　葉

③ 　　布
　　　↓
集 → □ → 結
　　　↓
　　　子

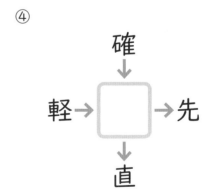

④ 　　確
　　　↓
軽 → □ → 先
　　　↓
　　　直

答えは『解答編』の12ページ

18 何を説明しているか考えよう

連想力 ❦❦❦　情報整理力 ❦❦

　ゆいさんは，文芸クラブに入っています。今日は「身の回りの『あるもの』が自己紹介をしたら」というテーマで文章を書きました。それぞれ，「私」が指すものが何かを考えて，◻に書きましょう。

① 　身長2cm，体重1gの小さな私。1955年生まれなので，実はこう見えても6人きょうだいのいちばん上なんです。きょうだいの中には，こい色をした子や，ギザギザしている子，穴が開いている子もいます。私はアルミニウムでできていて，見た目はどちらかといえばシンプルですが，8枚の葉がえがかれているのがチャームポイントです。

② 　私たちは1年間でおよそ4億5千万本作られとって，実は，そのうち半分以上が大阪生まれやねん。大阪弁で話しとることからもわかるように，私もそうや。そんな私たちの自慢は，きれいにそろった細い毛や。これを使って，みんなの体の一部を毎日そうじするのが私たちの仕事なんやで。ちゃんと毎日使ってや！

19 暗号を読み解こう ①

 取り組んだ日

注意力 YYY 情報整理力 YY

月 日

　ローマ字で書かれたなぞなぞのアルファベットを，《対応表》のように記号で置きかえて暗号にしました。暗号を解読し，現れたなぞなぞの答えを，《対応表》の記号1文字で☐に書きましょう。

《対応表》

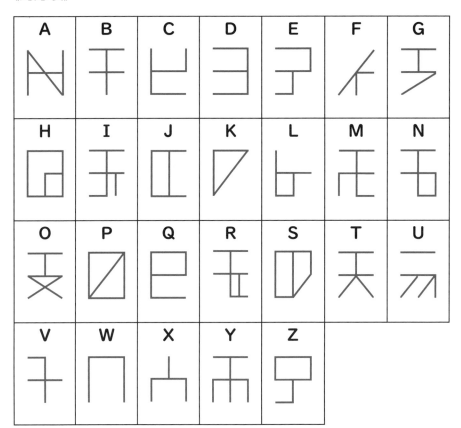

《なぞなぞ》

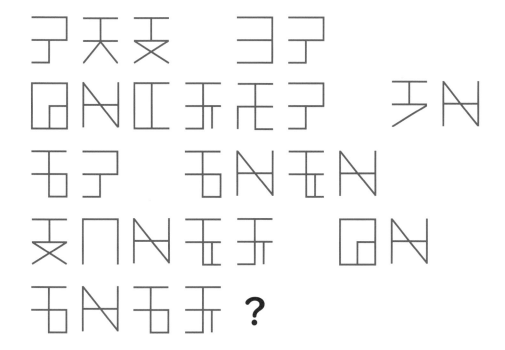

?

答え

20 折り紙を並べて形を作ろう

試行錯誤力 ❦❦❦　情報整理力 ❦❦　注意力 ❦

何枚かの折り紙を切って，┌┄┄┐の中に置きました。----でかかれた三角形は，ど
れも同じ大きさの正三角形です。この折り紙を，ルールにしたがって，――で囲ま
れた部分にぴったり並べます。並べた様子を――の中にかき入れましょう。

ルール

- 折り紙どうしが重なってはいけない。
- 折り紙は回転させてもよい。
- 折り紙が――で囲まれた部分からはみ出してはいけない。
- ┌┄┄┐の中にある折り紙のうち1枚はすでに入っている。この折り紙の場所を動かしてはいけない。

①

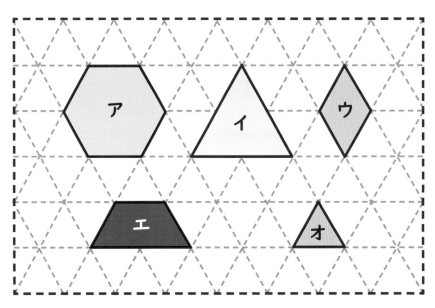

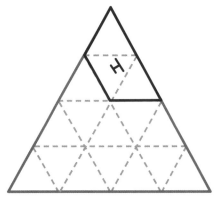

38

②

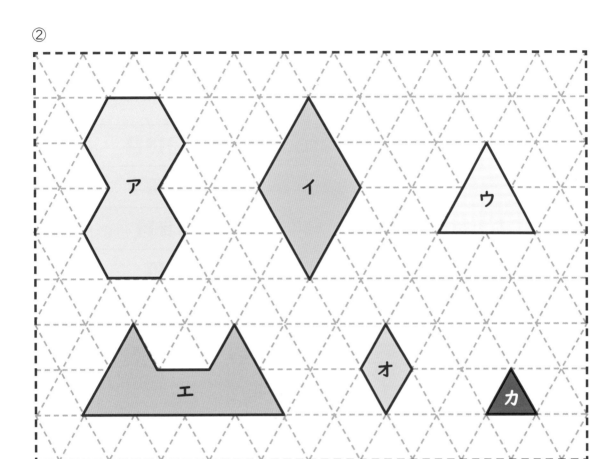

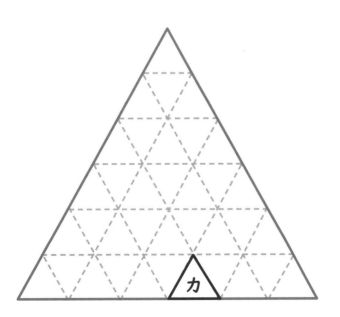

 最後のページにある「ふろく　切り取って使おう」を使って考えてみよう。

答えは『解答編』の13ページ

同じ数字に同じ漢字をあてはめて，言葉を作りましょう。

①

1刀2 3	1 41 句	5 3 6 7
4語7 3	8武2 7	真1 8字
五十6百6	9 6 7	1目9
5 1線	2生類	解9

1 ☐　2 ☐　3 ☐　4 ☐　5 ☐

6 ☐　7 ☐　8 ☐　9 ☐

チャレンジ ②

1 2 1 得	3気4合	5挙6 5 4 7
1給1 7	8 6 不7	9 10 11 12
1 10 1 賛	8 11知能	6 12 2
1 12 1 演	百8 5首	3 9 的

1 ☐　2 ☐　3 ☐　4 ☐　5 ☐　6 ☐

7 ☐　8 ☐　9 ☐　10 ☐　11 ☐　12 ☐

22 カードに書かれた数を当てよう

情報整理力 🌱🌱🌱　論理的判断力 🌱🌱🌱　注意力 🌱

　赤・青・黄・緑・白の 5 枚のカードがあり，それぞれのカードの表と裏に数が書かれています。次のことがわかっているとき，それぞれのカードの表と裏に書かれている数を答えましょう。

- それぞれのカードの表に書かれた数と裏に書かれた数の合計は，すべて 20 になっています。
- 表に書かれた数をすべて合計すると 41 です。
- 赤のカードの表に書かれた数は 2 けたです。
- 青のカードの表に書かれた数と裏に書かれた数をかけると 99 で，表に書かれた数は 2 けたです。
- 黄のカードの裏に書かれた数は，表に書かれた数のちょうど 3 倍になっています。
- 緑のカードの表に書かれた数は，裏に書かれた数より小さいです。
- 白のカードの表に書かれた数は 6 です。
- 表に書かれた数には，3 の倍数が 2 個，7 の倍数が 1 個あります。
  裏に書かれた数にも，3 の倍数が 2 個，7 の倍数が 1 個あります。

カードの色	赤	青	黄	緑	白
表					
裏					

　白，青，黄のカードに書かれた数から考えてみよう。

外国語の単語を見つけよう

推理力 ᕦᕤᕤ　情報整理力 ᕤᕤ　注意力 ᕤᕤ

次のあ〜えの外国語の文は，それぞれ下の日本語の意味を表しています。外国語を
よく見て，「　」の中の言葉を表す単語を□□の中から選びましょう。

①

あ

我吃早餐。
（私_{わたし}は朝ごはんを食べる。）

い

老师正在吃苹果。
（先生がりんごを食べている。）

う

我今天买面包当午餐。
（ぼくは今日のお昼にパンを買った。）

え

我不能吃鸡蛋。
（ぼくは卵_{たまご}を食べられない。）

「食べる」を表す単語は，　　我 ・ 吃 ・ 鸡蛋

②

Il y a un chien dans ma maison.
（ぼくの家には犬がいる。）

J'ai mené promener mon chien.
（ぼくは犬と散歩に出かけた。）

Le chien de la maison voisine aboie.
（となりの家の犬がほえている。）

Je suis celui qui nourrit les lapins.
（ぼくはうさぎにえさをあげる係だ。）

「犬」を表す単語は，

Le ・ chien ・ maison

この問題は次のページに続きます ≫

③

あ

방과후에 학교 청소를합니다.

（放課後に学校のそうじをする。）

い

나는 우주에 대해 배우고 싶어요.

（私は宇宙について学びたい。）

う

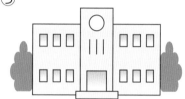

나는 학교를 좋아해요.

（私は学校が好きだ。）

え

오늘은 학교에서 점심을 먹습니다.

（今日は学校で弁当を食べる。）

「学校」を表す単語は，

를 · 학교 · 청소

答えは『解答編』の15ページ

24 点数を当てよう

論理的判断力 ❣❣❣　情報整理力 ❣❣❣　注意力 ❣

　Aさん，Bさん，Cさん，Dさんの4人が，算数のテストと国語のテストを受けました。どちらのテストも5問あり，5問すべて正解すると100点ですが，問題ごとの点数はわかりません。

　4人のテストの結果を，正解を○，不正解を×としてまとめると，次の表のようになりました。それぞれのテストの，問題ごとの点数を答えましょう。

《算数》

	①	②	③	④	⑤	得点
Aさん	○	○	○	×	○	80点
Bさん	○	○	×	○	×	45点
Cさん	×	×	○	○	×	45点
Dさん	○	×	×	×	○	45点

《国語》

	①	②	③	④	⑤	得点
Aさん	×	○	○	○	×	66点
Bさん	×	○	○	×	○	72点
Cさん	×	○	×	○	○	60点
Dさん	○	○	○	×	×	70点

算数

① ［　　　点　］ ② ［　　　点　］ ③ ［　　　点　］ ④ ［　　　点　］ ⑤ ［　　　点　］

国語

① ［　　　点　］ ② ［　　　点　］ ③ ［　　　点　］ ④ ［　　　点　］ ⑤ ［　　　点　］

国語は，まずはCさんとDさんの結果に注目してみよう。

25 正しい式を作ろう ①

論理的判断力 🌱🌱🌱　　情報整理力 🌱🌱　　試行錯誤力 🌱🌱

取り組んだ日　月　日

□に，┈┈の中にある数を１回ずつ入れて，正しい式になるようにしましょう。
ただし，いちばん上の位には０は入りません。

《例》

0, 1, 2, 3, 4̸, 5̸, 6

```
  □ 2        6 2
+ 4 □   →  + 4 3
──────      ──────
□ □ 5       1 0 5
```

① 0, 1̸, 2, 3, 4, 5̸, 6, 7̸

```
  □ 5
+ □ 7 □
──────────
  □ □ 1
```

② 0, ~~1~~, 2, ~~3~~, 4, ~~5~~, 6, ~~7~~, 8, 9

$$
\begin{array}{cccc}
\boxed{} & \boxed{} & \boxed{} & \boxed{3} \\
- & & \boxed{5} & \boxed{} \\
\hline
\boxed{1} & \boxed{} & \boxed{} & \boxed{7}
\end{array}
$$

③ 1, 2, 3, 4, 5, ~~6~~

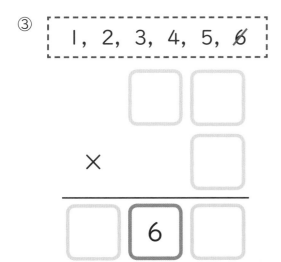

チャレンジ ④ 0, 1, 2, 3, ~~4~~, 5, ~~6~~

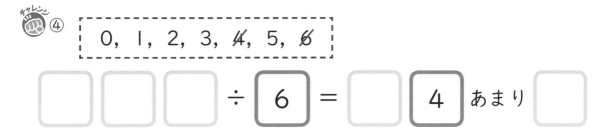

明かりをつけよう

論理的判断力 🌱🌱🌱　情報整理力 🌱🌱　試行錯誤力 🌱

　パネルの形をした明かりが縦・横に同じ数だけ並んでいて，そのまわりにスイッチがあります。はじめはすべてのスイッチが「オフ」になっています。スイッチを「オン」にすると，「オン」にしたスイッチから縦・横・ななめにまっすぐ進んだ場所にあるパネルに明かりがつきます。

　なお，この問題では，●はスイッチが「オン」，○はスイッチが「オフ」の状態を表すことにします。

《例》

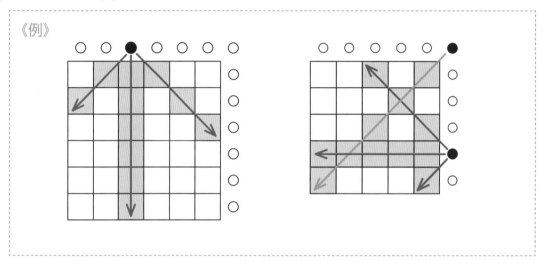

① 次のようにスイッチを「オン」にしたとき，明かりがついているパネルを で表しましょう。

あ

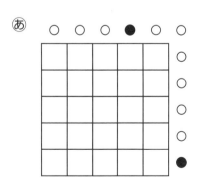

い

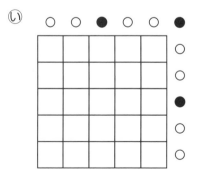

② いくつかのスイッチを「オン」にしたところ，パネルの明かりは次のように なりました。「オン」にしたスイッチを選んで，○を●に変えましょう。

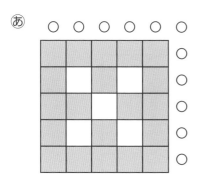

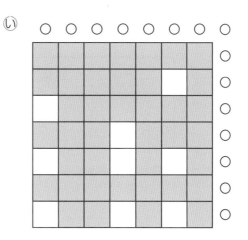

③ 次のようにスイッチを「オン」にしました。「オフ」になっているスイッチのうちいくつかを「オン」にして，すべてのパネルの明かりをつけたいと思います。どのスイッチを「オン」にしたらよいですか。「オン」にするスイッチがいちばん少ないときを考えて，○を●に変えましょう。

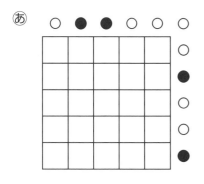

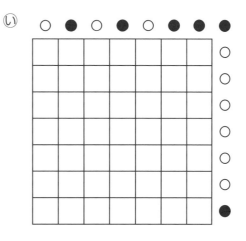

27 おかしなところを見つけよう ②

注意力 🌱🌱🌱　　情報整理力 🌱　　　論理的判断力 🌱

次の絵の中には，実際のものとはちがう，おかしなところがあります。おかしなところを説明しましょう。

① はがき

郵便はがき

☐☐☐☐-☐☐☐

② 砂時計

答えは『解答編』の19ページ

英単語には，もとの単語に，ある意味をもつ文字が付け加えられてできた単語があります。

《例1》
　もとの英単語のはじめに「un」や「ir」がついて，「〜でない」という意味の単語ができた例
　　happy（幸運な）→ <u>un</u>happy（幸運でない，不幸な）

《例2》
　もとの英単語の終わりに「able」がついて，「〜できる」という意味の単語ができた例
　　port（運ぶ）→ port<u>able</u>（持ち運びできる）

《例1》，《例2》をヒントに，次の英単語の意味を考え，あてはまるものに〇をつけましょう。

① known（知られている）→ unknown

物覚えのいい・工夫（くふう）された・未知の・おそろしい

② flame（火，ほのお）→ flammable

燃（も）やせる・燃やせない・しっとりした・かわいた

③ believe（信じる）→ unbelievable

信じない・信じたい・信じてやまない・信じられない

④ replace（取りかえる）→ irreplaceable

優柔不断（ゆうじゅうふだん）の・唯一無二（ゆいいつむに）の・一期一会（いちごいちえ）の・公平無私（こうへいむし）の

文字を付け加えるときに，もとの単語の形が少し変わることがあるよ。

答えは『解答編』の19ページ

29 正しい式を作ろう ②

論理的判断力 ❤❤❤　試行錯誤力 ❤❤　情報整理力 ❤

《例》のように，□に1から9の数字を入れて，縦，横が正しい計算になるようにしましょう。それぞれの問題で，ますの中に同じ数字は入りません。

《例》

$$\square \div \square = 4$$
$$\times \qquad +$$
$$\square - \square = 6$$
$$\| \qquad \|$$
$$72 \qquad 5$$

→

$$8 \div 2 = 4$$
$$\times \qquad +$$
$$9 - 3 = 6$$
$$\| \qquad \|$$
$$72 \qquad 5$$

①

$$\square \times \square = 48$$
$$+ \qquad \div$$
$$\square - \square = 1$$
$$\| \qquad \|$$
$$12 \qquad 2$$

②

$$\square \times \square + \square = 25$$
$$\times \qquad \div \qquad \times$$
$$\square + \square - 5 = 6$$
$$+ \qquad \div \qquad +$$
$$\square \times 4 - \square = 17$$
$$\| \qquad \| \qquad \|$$
$$33 \qquad 1 \qquad 12$$

③

$$\square + \square - \square = 5$$
$$+ \qquad + \qquad +$$
$$\square + 1 - \square = 5$$
$$+ \qquad + \qquad +$$
$$\square + \square - 3 = 5$$
$$\| \qquad \| \qquad \|$$
$$15 \qquad 15 \qquad 15$$

チャレンジ ④

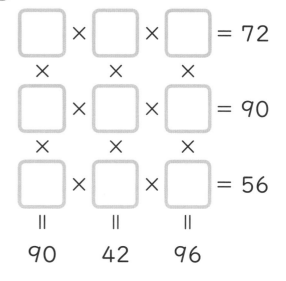

$$\square \times \square \times \square = 72$$
$$\times \qquad \times \qquad \times$$
$$\square \times \square \times \square = 90$$
$$\times \qquad \times \qquad \times$$
$$\square \times \square \times \square = 56$$
$$\| \qquad \| \qquad \|$$
$$90 \qquad 42 \qquad 96$$

答えは『解答編』の20ページ

クロスワードパズルに挑戦

連想力 🌱🌱🌱　情報整理力 🌱🌱　試行錯誤力 🌱

≪たてのカギ≫と≪よこのカギ≫を見て，あてはまる言葉をわくに入れましょう。
１つのわくには，カタカナが１文字ずつ入ります。最後に，□に入った文字を使って，答えを作りましょう。

答え											
	A	B	C	D	E	F	G	H	I	J	K

🔍 たてのカギ

② 勝利をゆずったほうがいいという意味のことわざです。

③ 都道府県の名前です。

④ 都道府県の名前です。

⑤ 都道府県の名前です。

⑥ 相手をていねいに呼ぶときに，名前の後ろにつけます。

⑦ 都道府県の名前です。

⑨ 都道府県の名前です。

⑪ 地面から生えるものです。

⑭ 栃木県の県庁所在地です。

⑮ 都道府県の名前です。

⑰ このカギの中には全部で六個の〇〇〇が使われています。

⑱ 都道府県の名前です。

⑲ 都道府県の名前です。

⑳ 守るべききまりのことです。

㉑ 都道府県の名前です。

㉒ 山と山の間にあります。

㉓ 応援をするときなどにふります。

🔍 よこのカギ

① 都道府県の名前です。

⑤ 都道府県の名前です。

⑧ きっぷを買うときに使う機械です。

⑩ 子どもの子どもです。

⑪ 移動に使う乗り物です。

⑫ 皮が黄色いくだものです。

⑬ 都道府県の名前です。

⑭ 埼玉県さいたま市にある区で，かつての県庁所在地の名前です。

⑮ 日本には淡路〇〇，屋久〇〇など多くの〇〇があります。

⑯ 部屋がかんそうしているときに使う機械です。

⑰ 《たてのカギ⑪》をかるときに使う刃物です。

⑱ 「千里の〇〇も一歩から」は，どんなに大きなことも，最初は目の前の小さなことから始まる，という意味です。

⑲ 山や地下などをほって通した《よこのカギ⑱》のことです。

㉑ 線を縦や横に引いて作るくじです。

㉒ 《よこのカギ⑪》についている丸いものです。

㉓ 冬が終わるとやってきます。

㉔ いつ旅に出るか〇〇〇を決めましょう。

㉕ 都道府県の名前です。

答えは『解答編』の21ページ

　ゆきとさんの小学校で，白，赤，黄，緑の４つの組に分かれてリレー大会をしました。大会に参加した５人が結果について，右のページのように話しています。ただし，同時にゴールしたチームはなかったものとします。

　①，②のそれぞれについて，□に組の名前を入れましょう。

① 　５人全員が正しいことを言っているとすると，リレー大会の結果は

１位 ［　　組　　］， ２位 ［　　組　　］， ３位 ［　　組　　］，

４位 ［　　組　　］です。

② 　５人のうち１人だけ，結果についてまちがったことを言っているとすると，リレー大会の結果は

１位 ［　　組　　］， ２位 ［　　組　　］， ３位 ［　　組　　］，

４位 ［　　組　　］です。

白組 ゆきとさん

「ぼくのチームは，はじめは先頭を走っていたけれど，結果は4位だったよ。途中のバトンの受けわたしでミスをしてしまったのが原因だろうなあ。」

赤組 あかねさん

「わたしのチームはアンカーの人がゴールの直前で2人もぬいたから，2位以上でゴールしたんだ。」

黄組 つくよさん

「わたしのチームはみんなよくがんばったけれど，残念ながら優勝できなかったよ。」

緑組 せいじさん

「ぼくのチームは2位でも3位でもなかったよ。」

てつやさん

「ぼくは練習で足をくじいてしまって走ることができなかったから，スタートの合図をする係として参加したよ。黄組が2位ではなく，白組が3位ではなく，緑組が4位ではなかったことは覚えているよ。」

答えは『解答編』の21〜22ページ

32 はやくたどり着ける道を見つけよう

情報整理力　論理的判断力　試行錯誤力

① しゅんさんの家と学校がかかれた地図に，交差点から交差点まで進むのにかかる時間を書きこみました。しゅんさんの家から学校までいちばん短い時間で行ける道を，線でなぞりましょう。また，そのときにかかる時間を答えましょう。

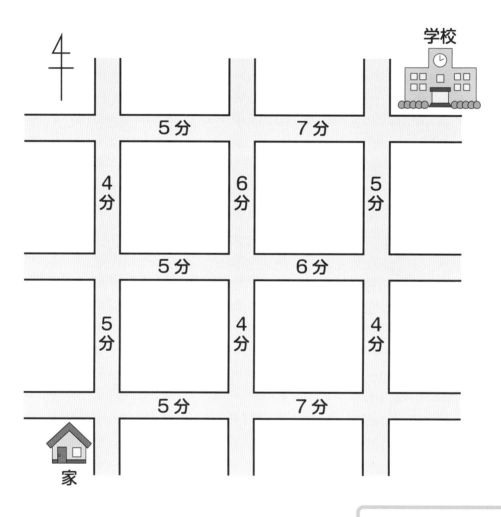

分

② きょうさんの家と駅がかかれた地図に，交差点から交差点まで進むのにかかる時間を書きこみました。きょうさんの家から駅までいちばん短い時間で行ける道を，線でなぞりましょう。また，そのときにかかる時間を答えましょう。

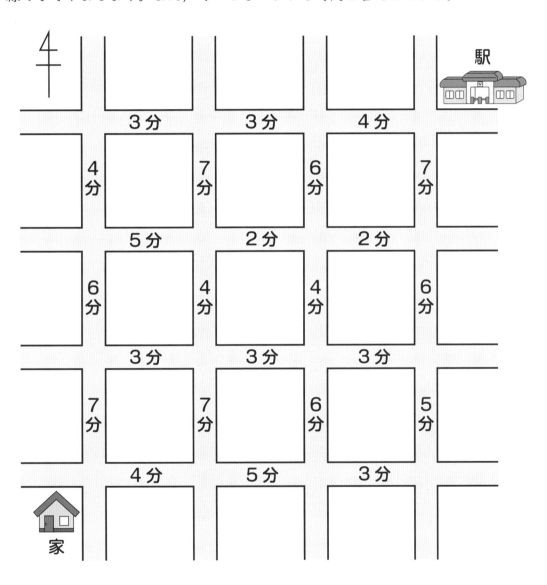

分

縦と横に進みながら言葉を入れよう

情報整理力 🌱🌱🌱 　論理的判断力 🌱🌱 　試行錯誤力 🌱

 ルール を読んで，すべてのますにカタカナを１つずつ入れましょう。

ルール

- 縦や横にとなりあったますを進みながら，《リスト》の言葉が入るようにする。

- 言葉の１文字目は，言葉の前に書かれている数字のますに入る。
  ２文字目は，矢印の方向に１つ進んだますに入る。
  ３文字目から先は順番に，縦か横にとなりあったますに入る。

- いくつかのちがう言葉が，同じますを通っていてもよい。

- １つの言葉が，同じますを何度も通ってはいけない。

《リスト》

❶ ⬇ デンシオルガン

❷ ➡ オーケストラ

❸ ⬇ トライアングル

❹ ⬅ サンシン

❺ ➡ エンソウカイ

❻ ⬅ タイコ

❼ ➡ リコーダー

❽ ⬇ コンサート

❾ ⬅ オンガクカンショウ

❿ ➡ シンガーソングライター

⓫ ⬅ ボイスパーカッション

⓬ ⬆ スピーカー

⓭ ⬅ トロンボーン

⓮ ⬇ カブキ

⓯ ➡ シズカ

⓰ ⬆ メトロノーム

⓱ ➡ モッカンガッキ

⓲ ⬆ ピアノ

⓳ ⬇ スズ

⓴ ⬆ リードボーカル

㉑ ⬆ ガッショウ

㉒ ⬅ ギター

㉓ ⬅ リズム

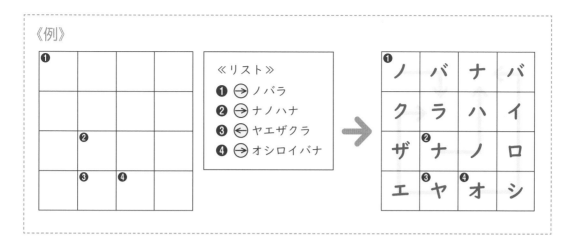

《例》

❶			
	❷		
	❸	❹	

≪リスト≫
❶ → ノバラ
❷ → ナノハナ
❸ ← ヤエザクラ
❹ → オシロイバナ

❶ノ	バ	ナ	バ
ク	ラ	ハ	イ
ザ	❷ナ	ノ	ロ
エ	❸ヤ	❹オ	シ

❶	❷				❸			
	❹	❺					❻	
					❼	❽		
	❾							
	❿				⓫			
			⓬				⓭	
⓮		⓯					⓰	
	⓱				⓲		⓳	⓴
		㉑			㉒			㉓

まずは，それぞれの言葉のはじめの 2 文字を入れてみよう。

答えは『解答編』の24ページ

34 正しく展示しよう

情報整理力 ￥￥￥　注意力 ￥￥￥　連想力 ￥

　ふみえさんは，職業体験で博物館に行き，展示品を並べる仕事を手伝うことになりました。博物館の館長をしている森岡さんの指示のとおりに展示品が並ぶように，□に記号を書きましょう。

《森岡館長の指示》

　富士山の絵や版画が，タイトルや作者とセットになっているので，これらを展示してください。額縁の横に絵のしょうかい文があるので，これをよく読んで，正しい組み合わせになるように額縁の中に絵や版画を入れてください。

《富士山の絵や版画》

ア

江戸八景
芝浦の帰帆

作者　渓斎英泉

イ

富嶽三十六景
神奈川沖浪裏

作者　葛飾北斎

ウ

富士　沼津江浦

作者
ジョルジュ・ビゴー

① Ⓐ〜Ⓒに合う絵や版画を，**ア〜ウ**の中から選んで書きましょう。

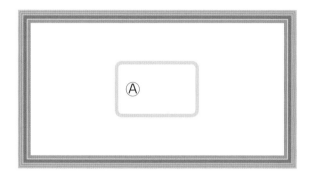

木々の生いしげった陸地から，海の向こうに富士山が見えている。富士山の中腹（ちゅう ふく）には白く細い雲がたなびいている。

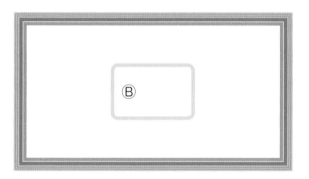

おくに富士山がえがかれており，手前の海には帆（ほ）のついた船や小舟（こぶね）など，たくさんの船がうかんでいる。

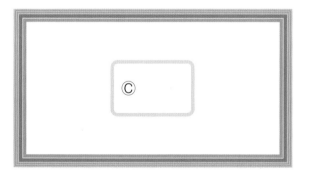

海の向こうに富士山がえがかれている。大きくうねる波にさらわれないよう，小舟（こぶね）にしがみつく人々も見て取れる。

この問題は次のページに続きます ≫

《森岡館長の指示》
　　次の仕事は，土器のレプリカの展示です。少し難しい説明が
書かれているので，最初に私から解説します。私の話をよく聞
いて，土器が作られた時代ごとに並べてください。必ず軍手を
つけて，割らないように気をつけて作業してくださいね。

《森岡館長の説明》
　　縄文時代とは，狩りや採集で食料を得ていた時代で，1万2000年ほど前から
約1万年続きました。2300年以上前に米づくりや金属器が伝わり，このころから
の数百年間を弥生時代といいます。新潟県の笹山遺跡，青森県の表館遺跡は，縄
文時代の遺跡です。
　　土器とは，粘土を焼いて作った入れ物のことです。縄文時代に使われていた土器
を縄文土器，弥生時代に使われていた土器を弥生土器といいます。
　　縄文土器は模様がぎっしりとついていることが多く，縄を転がしてつけられたと
考えられている模様が特徴的です。このことが「縄文」という名前の由来になり
ました。弥生土器は，縄文土器と比べると，うすくてかたく，模様があまりありま
せん。また，弥生土器は，貯蔵や調理，盛りつけなどの目的に合わせてちがう形の
ものが作られました。

《時代名のプレート》

ア
縄文時代

イ
弥生時代

《土器のレプリカ》

ウ

エ

オ

カ

《土器の説明プレート》

キ

火焔型土器
（か えんがた）

笹山遺跡から出土した土器。立体的
（ささやま）
な模様がたくさんある。上のギザギ
ザした形がほのおのように見えるの
で，火焔型土器と呼ばれている。
（よ）

ク

つぼ

船橋遺跡から出土したつぼ。口の部
（ふなはし）
分が細くなっており，調理したもの
などを保存しておくために利用され
（ほ ぞん）
たと考えられる。

ケ

隆起線文土器
（りゅう き せんもん）

表館遺跡から出土した土器。底がと
（おもてだて）
がった形をしている。細いひものよ
うにした粘土が水平に何本も巻きつ
けられ，模様になっている。

コ

高坏
（たかつき）

船橋遺跡から出土した土器。底が浅
（ふなはし）
く，広い器に，細長い土台がついて
（うつわ）
いる。料理を盛りつけるときに使わ
（も）
れたと考えられている。

② 《時代名のプレート》，《土器のレプリカ》，《土器の説明プレート》が合うよ
うに，**ア**，**イ**を Ⓐ，Ⓑ に，**ウ**〜**カ**を Ⓒ〜Ⓕ に，**キ**〜**コ**を 🄰〜🄳 に入れます。　□　に
記号を書きましょう。

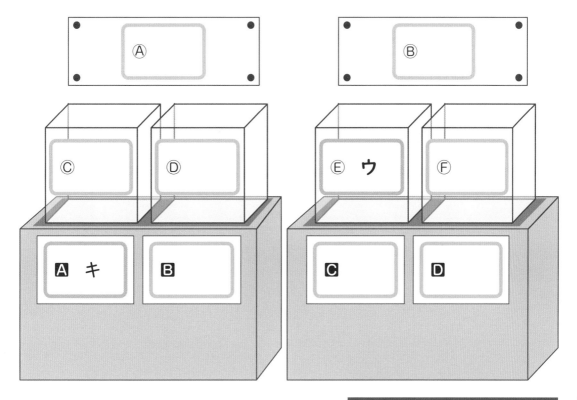

35 俳句を読み解こう

情報整理力 🌱🌱🌱　論理的判断力 🌱🌱　注意力 🌱🌱

　次の俳句は，江戸時代に活躍した与謝蕪村という人が作った句です。この俳句について，ふうかさんとお父さんが話しています。

「菜の花や　月は東に　日は西に」

ふうか：俳句って，五・七・五の十七音で作られているということは知っているけれど，ほかにどのような特徴があるの？

父　：季節を表す「季語」を入れて作るというきまりもあるよ。与謝蕪村が作った「菜の花や　月は東に　日は西に」という俳句の中では，季語はどれになると思う？

ふうか：| あ　　　　　　　　　　|　かな。| あ |　はアブラナのことだよね。

　　　アブラナの花がさく季節は| い　春・秋 |だから，| い |　の景色から作られた俳句だと思う。

父　：そうだね。では，1日の中でだいたいいつごろの景色なのかはわかるかな？

ふうか：「日は西に」とあるから，| う　　　　　　　　|　かな。

父　：そうだね。太陽が| え　　　　　　　　　　|　ころだから，| う |　なんだね。じゃあ，このときに見える月はどんな形かわかるかな？

ふうか：うーん……。

父　：まず，太陽と同じように，月も  から出て，南

の空を通って，  にしずむんだ。太陽は，朝に

出て夕方にしずむけれど，月の場合は，月の形によって見える時刻がちがっ
ているんだよ。

ふうか：そうなんだね。三日月はいつごろ見えるの？

父　：三日月は太陽よりも少しおくれて出てくるよ。だいたい午前8時ごろに
出てきて，午後2時ごろ南の空を通って，午後8時くらいにしずむんだ。

ふうか：それならこの俳句の月は A 。

父　：月は日がたつにつれて，右側の部分から満ちていって，右側から欠けて
いくよ。三日月の約4日後に上弦の月（右半分に光が当たっている半月），
その約8日後に満月，その約8日後に下弦の月（左半分に光が当たって
いる半月），その約7日後に新月（地球からは見えない月）になるよ。

ふうか：そのあと，また右側から満ちていくんだね。

父　：それと，月が出る時刻は，上弦の月はお昼ごろ，満月は夕方，下弦の月は
真夜中で，太陽のように毎日朝に出てくるわけではなくて，出てくる時刻
は日がたつにつれて少しずつおくれていくよ。

ふうか：わかった！　この俳句の月は B 。

父　：そうだね。この俳句のように地球から見て太陽と月が反対の位置にあると，
C 。

ふうか：こんなに短い俳句から，いろいろなことがわかるんだね。

この問題は次のページに続きます

① あ，う，え，お，かにあてはまる言葉を，それぞれ会話文の中にある言葉を使って書きましょう。また，いにあてはまる季節を選んで，○をつけましょう。

② **A** ・ **B** にあてはまる最も適切な文を，次のア～キの中からそれぞれ選んで，記号で答えましょう。ただし，同じ記号は1回しか使えません。

ア 三日月だね　　イ 満月だね　　ウ 上弦の月だね　　エ 下弦の月だね

オ 三日月ではないね　　カ 三日月かもしれないね　　キ 満月ではないね

③ **C** にあてはまる文を，次のア～ウの中から選んで，記号に○をつけましょう。

ア 太陽・月・地球の順でほぼ一直線に並んでいることになるから，月の右半分の部分に太陽の光が当たっていることになるね。

イ 太陽・月・地球の順でほぼ一直線に並んでいることになるから，地球から見えるすべての部分に太陽の光が当たっていることになるね。

ウ 太陽・地球・月の順でほぼ一直線に並んでいることになるから，地球から見えるすべての部分に太陽の光が当たっていることになるね。

④ 次のア～ウの中から，この俳句の景色の8日前の正午の空を表すものを選んで，記号に○をつけましょう。菜の花の絵は省略しています。

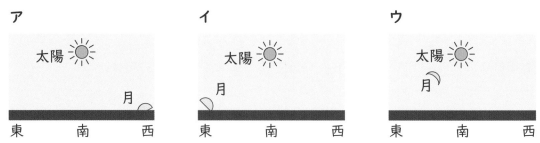

ア　　　　　　　　イ　　　　　　　　ウ

答えは『解答編』の25ページ

36 たして同じ数になるようにしよう

論理的判断力 🌱🌱🌱　情報整理力 🌱🌱　試行錯誤力 🌱🌱

取り組んだ日

月

日

縦，横，ななめに並んでいるすべての数をたしたとき，どれも同じ数になるように，すべてのますに数を入れましょう。

《例》

	1	
	5	3
2	9	

➡

6	1	8
7	5	3
2	9	4

縦，横，ななめに並ぶ3つの数は，どの列をたしても15になります。

①

8		3
	7	
11		

②

	7	
10		9

③，④のますには1から16までの数が1つずつ入ります。

③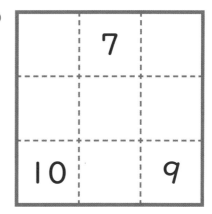

④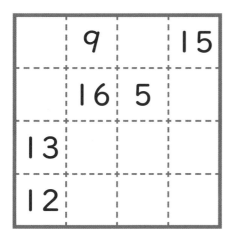

ヨーロッパの言語には，アルファベットが使われているものがたくさんあります。たとえば，英語・ドイツ語・フランス語にはどれもアルファベットが使われています。人の名前にもアルファベットが使われていますが，同じつづりの名前でも言語によって発音が変わることがあります。

　たとえば，Rachel は英語・ドイツ語・フランス語のどの言語の人の名前にも使われますが，英語では＜レイチェル＞，ドイツ語では＜ラーヘル＞，フランス語では＜ラシェル＞と読み方が変わります。

　Caroline, Herbert, Benjamin はどれも，英語・ドイツ語・フランス語のどの言語の人の名前にも使われます。右のページの，Caroline, Herbert, Benjamin の話を聞いて，3 人の母語が英語・ドイツ語・フランス語のどれかを答えましょう。また，名前を英語・ドイツ語・フランス語で読んだときの読み方を，カタカナで表に書きこみましょう。

（注意）
・母語とは，子どものころにまわりの人が話すのを聞いて自然に覚えた最初の言語のことです。
・外国語の発音を日本語の文字で正確に表すことはできないため，この問題では，発音に近い音を＜　＞をつけてカタカナで表します。表にまとめるときは，＜　＞をつけなくてかまいません。

Caroline

・私の名前を英語では＜キャロライン＞と読むけれど，これは私の母語での読み方ではないよ。
・Herbert には，＜ハーバート＞という読み方があるよ。
・私たち 3 人に，母語が同じ人はいないよ。

Herbert

・＜ベンヤミン＞，＜バンジャマン＞，＜ベンジャミン＞は，どれも Benjamin の読み方だよ。ぼくの母語では＜ベンジャミン＞と読むよ。
・ぼくの名前を＜ヒルベルト＞と読む母語の人は，Benjamin を＜ベンヤミン＞と読むよ。

Benjamin

・ぼくの母語のフランス語では，単語の最初の「H」は発音しないんだ。Herbert は＜エルベール＞と読むよ。
・Caroline が自分の名前を自分の母語で読むと，＜カロリーネ＞だよ。ぼくの母語では＜カロリーヌ＞と読むよ。
・ぼくたち 3 人の中で，英語・ドイツ語・フランス語以外の言語での読み方について話している人はいないよ。

名前	Caroline	Herbert	Benjamin
母語			
英語での読み方			
ドイツ語での読み方			
フランス語での読み方			

答えは『解答編』の27ページ

　世の中には，大げさな見出しをつけたり，誤解を生むような資料を使ったりすることで，自分たちに都合がいいように編集した広告や記事などが存在しています。

　しろうさんがインターネットで右のページの記事を読んだところ，おかしなところを3つ見つけました。㋐と㋒にはあてはまる文を，㋑にはアルファベット1文字を入れて，しろうさんの説明を完成させましょう。

《しろうさんの説明》

　この記事は，映画「こいぬのだいぼうけん2」が大人気ということをしょうかいしています。

　まずは，世代ごとの分布についてです。資料①の帯グラフを見ると，確かに，ぼくたち子ども世代から，ぼくの祖父母の世代まで，いろいろな世代の人がまんべんなく映画を見ているような印象を受けます。しかし，このグラフは，

> ㋐

ので，実際には「どの世代の人もまんべんなくこの映画を見ている」ことをこのグラフから読み取ることはできません。したがって，本文の「この映画のすごいところは，世代を問わず支持を集めているところ」はまちがいです。

　次に，映画の感想についてです。映画を見た4人の感想を，「映画に対する絶賛の声」としてしょうかいしていますが，　㋑　さんの感想はのせるのにふさわしくありません。

　最後に，第1作との比較です。資料②を見ると，第1作より第2作のほうが観客動員数が多く見えます。しかし，このグラフは，

> ㋒

ので，実際には第2作のほうが観客動員数は少ないです。したがって，本文の「動員数は公開第1週から前作をこえ」もまちがいです。

> 「動員数」は，映画を見に来たお客さんの人数のことだよ。

72

ニュースZ

【大ヒット】映画「こいぬのだいぼうけん 2」前作をこえ幅広い支持！

ニューストップ > エンタメ > 映画　　　　　　20XX年12月4日　12時00分

10月30日に公開された映画「こいぬのだいぼうけん2」が，大ヒットを記録している。この映画のすごいところは，世代を問わず支持を集めているところだ。

資料①を見ると，子どもから大人まで，どの世代の人もまんべんなくこの映画を見ていることがわかる。また，**資料②**によると，動員数は公開第1週から前作をこえ，今も順調にのび続けていることがわかる。

映画を見た人に感想を聞いたところ，映画に対する絶賛の声が集まった。

「ハラハラドキドキの展開に大興奮！　最後は泣きました。」（Aさん・東京，10代女性）

「主役の子犬がすごくかわいくて，いやされました。」（Nさん・大阪，20代男性）

「映画館のイスがふかふかで，座り心地がよかった。」（Kさん・千葉，40代男性）

「映画のおかげで，日常のいやなことを忘れられた。」（Tさん・福岡，30代女性）

関係者によると，第3作の制作も検討中ということだ。この週末は家族で劇場に足を運んでみてはいかがだろうか。

資料①　映画を見た人の年代ごとの分布

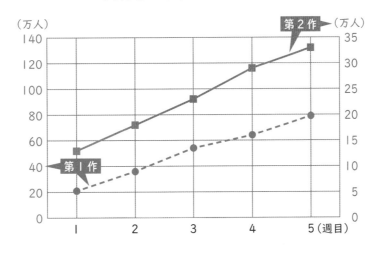

資料②　観客動員数の比較

39 ちがいが1から3になるようにしよう

論理的判断力 🌱🌱🌱　試行錯誤力 🌱🌱　情報整理力 🌱

ルール を読んで，□に数を入れましょう。

ルール

- □の中にある数が1回ずつ入るようにする。
- ▬でつながれたますに入る数は，大きさのちがいが1か2か3になる。

《例》

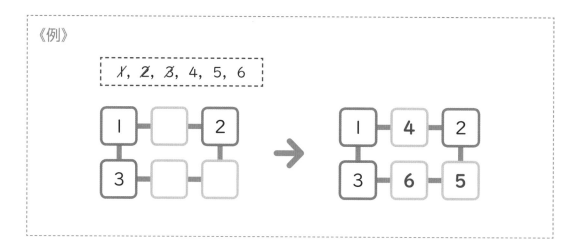

①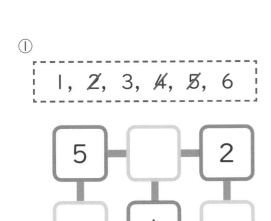

1, 2̶, 3, 4̶, 5̶, 6

②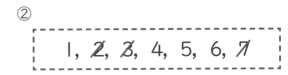

1, 2̶, 3̶, 4, 5, 6, 7̶

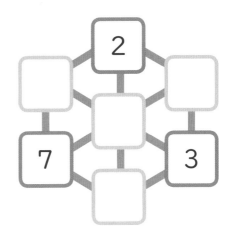

③

1, 2̶, 3, 4, 5,
6̶, 7, 8

④

1, 2̶, 3, 4, 5,
6̶, 7̶, 8, 9

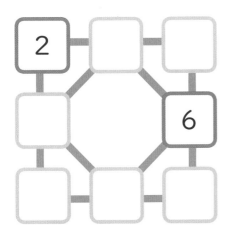
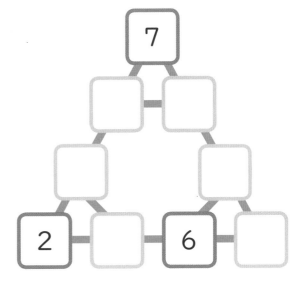

③と④は，いちばん小さい数やいちばん大きい数から考えてみよう。

答えは『解答編』の29ページ

次の暗号を読み解いて，現れる言葉を□□□に書きましょう。

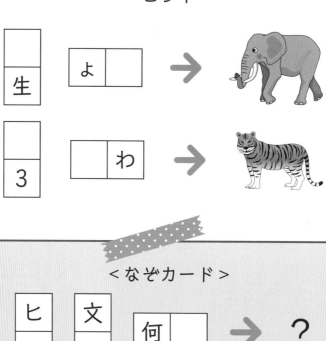

< もんだい >

ヒントをもとに，なぞカードを読み解いて
あらわれる３文字の生き物の名前が何かを
ますに書きましょう。

< ヒント >

生	よ　→ 🐘
3	□わ　→ 🐅

< なぞカード >

ヒ　文　何□　→　？

76

次の文章は，今から1000年ほど前に鴨 長 明という人物によって書かれた，『方丈 記』という随筆の一部分です。現代でも起こっている，ある災害について書かれています。

※出題の都合上，厳密な訳ではなく，わかりやすい表現にしているところがあります。

また同じころかとよ、おびただしくおほなゐふる

ことはべりき。その様子はこの世のものとは思えず

そのさま世の常ならず、山はくずれて

河をうづみ、海はかたぶきて陸地をひたせり。

地面が水びたしになった

地面が土さけて水わき出で、いわほ割れて谷にまろび入る。

大きな岩が転げ落ちた

なぎさこぐ船は波にただよひ、道行く馬は足の立ちどを

立つことが難しくなった

まどはす。　都のほとりには、在々所々堂舎塔廟

あちらこちらの建物や寺社が

ひとつとして全からず、　無事なものはなく

くずれたり、たおれたりした

あるいはくづれあるいはたふれぬ。（中略）

昔、斉衡のころとか、　文徳天皇のころに

大変なことが起こった

仏の御首落ちなど、いみじき事どもはべりけれど、

今回の災害

なほこのたびにはしかずとぞ。　およばないという

災害が起きてすぐは、人々も、世の中はいつ何が起こるかわからないものだと

すなはち人みなあぢきなき事を述べて、

気を引きしめたように見えたが

いささか心のにごりもうすらぐと見えしかど、

月日かさなり、年経にし後は、ことばにかけて

のち

言い出づる人だになし。

① 〜〜〜の「おほなゐふる」，「おほなゐふりて」は，ある災害が起こったことを表しています。起こった災害としてあてはまるものを次の中から選んで，○をつけましょう。

大地震 ・ かみなり ・ 台風 ・ 大火事

この問題は次のページに続きます

②　この文章には,

ア　実際の出来事

イ　筆者の鴨長明が考えたり, だれかから聞いたりした内容

の２種類のことが混ざって書かれています。次のことは, **ア**, **イ**のどちらですか。
あてはまるものに○をつけましょう。

⑦	今回の災害は, 文徳天皇のころに起こったものよりひどいものだった。	ア　・　イ
①	割れた地面から水がふき出した。	ア　・　イ
⑦	被害の様子はこの世のものとは思えなかった。	ア　・　イ

『方丈記』を読んだゆうこさんとえいとさんは, もっとくわしい内容を知りたいと
思い, 先生に教えてもらっています。

先生　：最後の文にある, 『月日かさなり, 年経にし後は, ことばにかけて言い出
　　　　づる人だになし』という部分について考えてみましょう。『月日かさなり,
　　　　年経にし』は, どういうことを言っていると思いますか?

ゆうこ：『月日かさなり』の『かさなり』は漢字で書くと『　あ　　なり』。

　　　　月日が あ なる, ということは月日が　　 い　 もどった・過ぎた

　　　　ということでしょうか。

先生　：いい考え方ですね。同じように『年経にし』も考えてみましょう。

えいと：『年経にし』の『経』は, 『たつ』と読むことができるから, 『年経にし』
　　　　も同じように, 年が い ことを意味していると思います。

先生　：そうですね。『月日かさなり, 年経にし』は, 『年月が い 』ことを意味
　　　　しています。

ゆうこ：つまり，『月日かさなり，年経にし後は』は，『年月が ⓘ あとは』という意味になるんですね。

先生：はい，そうですね。では，『ことばにかけて言い出づる人だになし』についても考えてみましょう。『口に出して言う人もいなくなった』という意味ですよ。

えいと：『月日かさなり，年経にし後は』とあわせると，『年月が過ぎたあとは，口に出して言う人もいなくなった』というような意味になるのか……。でも，何について言う人がいなくなってしまったのでしょうか？

先生：この文章が何について書かれていたかをもう一度思い出してみましょう。

ゆうこ：鴨長明が経験した大きな災害について書かれていましたよね。そうすると，この文は ⓤ ということを表しているのではないでしょうか。

先生：その通りです。これと似た意味のことわざに ⓔ がありますね。

えいと：1000年も前にこんなことを考えていた人がいたなんてびっくりだなあ。

③ ⓐにあてはまる漢字1文字を書きましょう。また，ⓘにあてはまるものに〇をつけましょう。 □ のわくには，それぞれの記号のものと同じ文字や言葉が入ります。

④ ⓤにあてはまる文を1つ選んで，記号に〇をつけましょう。

ア　大きな災害だったので，年月がたっても，なかなか忘れる人がいなかった

イ　大きな災害だったのに，年月がたつとみんな忘れてしまい，話題にする人がいなくなった

ウ　大きな災害のあまりのおそろしさに，そのことを話題にする人はいなくなってしまった

⑤ ⓔにあてはまることわざを1つ選んで，記号に〇をつけましょう。

ア　大は小をかねる

イ　喉元過ぎれば熱さを忘れる

ウ　石橋をたたいてわたる

エ　果報は寝て待て

42 キャンディを入れよう

論理的判断力 🌱🌱🌱 　情報整理力 🌱🌱🌱 　推理力 🌱🌱

5つの箱に，**A，B，C，D，E** と名前をつけます。

箱には１つずつボタンがついていて，ⓐ，ⓑ，ⓒ，ⓓ，ⓔという名前がついています。ボタンをおすと，ボタンをおした箱と，そのとなりの箱にキャンディが１個ずつ入る仕組みになっています。

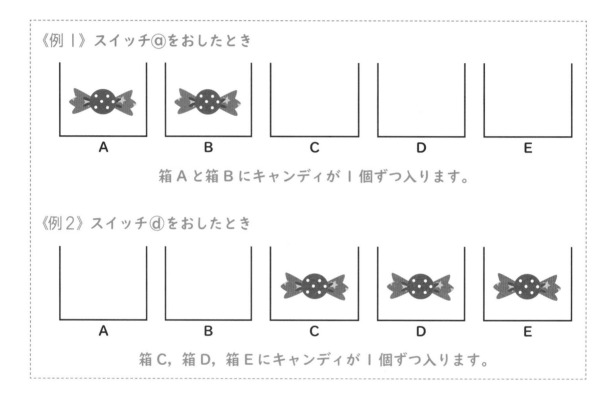

《例１》スイッチⓐをおしたとき

箱Ａと箱Ｂにキャンディが１個ずつ入ります。

《例２》スイッチⓓをおしたとき

箱Ｃ，箱Ｄ，箱Ｅにキャンディが１個ずつ入ります。

① スイッチⓐを２回，スイッチⓑを１回，スイッチⓒを２回，スイッチⓓを１回，スイッチⓔを２回おしたとき，それぞれの箱に入るキャンディの個数を答えましょう。

A 　　個　　　　B 　　個　　　　C 　　個

D 　　個　　　　E 　　個

② スイッチを何回かおしたところ，次のようにキャンディが入りました。

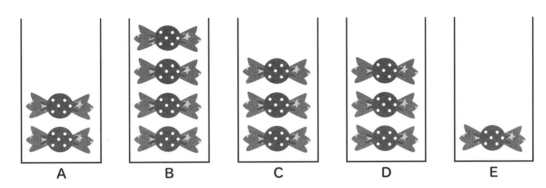

A　B　C　D　E

スイッチ@と⑥は１回ずつおし，スイッチ@はおしていないそうです。ス
イッチ©と@をおした回数を答えましょう。

© 　　　　回　　　© 　　　　回

③ スイッチを何回かおしたところ，箱 A に９個，箱 B に１１個，箱 C に８個，
箱 D に９個，箱 E に７個のキャンディが入りました。どのスイッチも１回以上
おし，おした回数はすべてちがったそうです。それぞれのスイッチをおした回数
を答えましょう。

@ 　　　　回　　　⑥ 　　　　回　　　© 　　　　回

@ 　　　　回　　　© 　　　　回

43 パーティーの持ち物を用意しよう

情報整理力 🌱🌱🌱　論理的判断力 🌱🌱🌱

取り組んだ日

月

日

　　ゆきこさんの家でパーティーをすることになり，こうきさん，ひなのさん，たくやさん，すみれさんが招待されました。4人は，食べ物やゲームの景品を持ち寄って，ゆきこさんの家をたずねることにしました。用意するものは以下のとおりです。

《用意するもの》

料理	からあげ　サンドイッチ　いなりずし　サラダ　フライドポテト
飲み物	オレンジジュース　りんごジュース　麦茶
デザート	プリン　ゼリー　カップケーキ
ゲームの景品	えんぴつ　消しゴム　メモ帳　ノート　シール

こうき：だれが何を持って行くか決めておこう。

たくや：用意するものは全部で16種類だから，4人だと1人4種類にするとよさそうだね。

ひなの：料理やゲームの景品は5種類あるから，どちらも1人1種類は用意しようよ。

すみれ：3種類あるデザートは，それぞれ別の人が用意することにしよう。

ひなの：デザートは3種類だから，デザートを用意しない人が料理を2種類用意するのはどうかな。

こうき：うん，それがいいね。

たくや：じゃあ，具体的にはどうしようか。

ひなの：私はサンドイッチとカップケーキを作って持って行くね。

すみれ：うーん，私は料理1種類とデザート1種類にするね。用意するものは，その中の何でもいいよ。

たくや：ぼくはゼリーを作って持って行くよ。

ひなの：あと，ゲームの景品のシールも私が用意するね。

こうき：うん，じゃあ，それでよろしく。ぼくはどうしようかな。

① ここまでの会話で，こうきさんの用意する物として考えられる組み合わせはどれ
　ですか。すべて選んで，記号に〇をつけましょう。

　　ア　からあげ　サラダ　ゼリー　消しゴム
　　イ　からあげ　オレンジジュース　えんぴつ　消しゴム
　　ウ　いなりずし　フライドポテト　消しゴム　メモ帳
　　エ　いなりずし　りんごジュース　プリン　えんぴつ
　　オ　サラダ　フライドポテト　りんごジュース　えんぴつ
　　カ　サラダ　いなりずし　シール　メモ帳

4人で相談していると，ゆきこさんがやってきました。

ゆきこ：来週のパーティー，楽しみにしているね。からあげといなりずしは，私の家
　　　　　で用意するよ。
たくや：ありがとう。じゃあ，それ以外のものを4人で用意しよう。
ひなの：1人3種類か4種類を用意することになるね。
こうき：料理が3種類になったから，料理は3人が1種類ずつ，料理を用意しない
　　　　　人は飲み物を2種類にしようか。
たくや：デザートはそれぞれ別の人が用意するということでいいよね。
こうき：うん，それでいいと思う。
すみれ：デザートを用意する人はゲームの景品を1種類用意することにして，ゲーム
　　　　　の景品を2種類用意する人は飲み物を1種類用意することにしたらどうかな。
こうき：そうだね，そうしよう。じゃあ，具体的に何を用意することにしようか。
ひなの：私はさっき自分で言ったものは用意することにするよ。
たくや：ぼくも。あと，麦茶を用意するね。
すみれ：私もさっき決めたとおり，料理1種類とデザート1種類は用意するね。
こうき：ぼくは　　Ⓐ　料理・飲み物・デザート・ゲームの景品　　を
　　　　　2種類用意すればいいね。
ひなの：そろそろ，用意するものをまとめてみようか。まだ具体的に決まっていないと
　　　　　ころもあるけれど，これまでに出てきた意見や希望に合うように分けてみるね。

この問題は次のページに続きます　〉〉

② 〇に入るものを１つ選んで〇をつけましょう。

③ ひなのさんが，用意するものをリストにまとめました。会話の内容に合うように
リストの㋐〜㋓にあてはまるものを**ア〜コ**の中からそれぞれ１つずつ選んで書き
ましょう。

ゆきこ	からあげ　いなりずし
こうき	㋐
ひなの	㋑
たくや	㋒
すみれ	㋓

ア サラダ　プリン　ノート
イ サラダ　オレンジジュース　メモ帳　シール
ウ サラダ　麦茶　ゼリー　消しゴム
エ フライドポテト　オレンジジュース　えんぴつ　消しゴム
オ フライドポテト　ゼリー　えんぴつ　消しゴム
カ フライドポテト　オレンジジュース　プリン　ノート
キ 麦茶　ゼリー　えんぴつ　ノート
ク りんごジュース　麦茶　ゼリー　メモ帳
ケ サンドイッチ　プリン　ノート
コ サンドイッチ　カップケーキ　シール

答えは『解答編』の33ページ

≪説明≫を読んで，それぞれのますにあてはまる漢字を書き，□が熟語になるようにしましょう。

≪説明≫
- ますに入る漢字は，そのますの上と左にある部品から，1つずつ組み合わせて作ります。
- 部品は，大きさが変わったり，たてやよこに長くなったりすることがあります。

≪例≫

		門	羽
		東	頁
白	糸		
口	是		

↓

		門	羽
		東	頁
白	糸	練	習
口	是	問	題

「練習」と「問題」ができます。

		忄	辶
		周	会
		己	且
		氵	商
木	言		
夬	辶		
糸	由		
告	夂		

同じ大きさの色のついた立方体がたくさんあります。この立方体をすきまができないように積み上げて形をつくります。できた形を正面・右横・真上から見たときの図を見て，使った立方体の個数(こすう)を答えましょう。

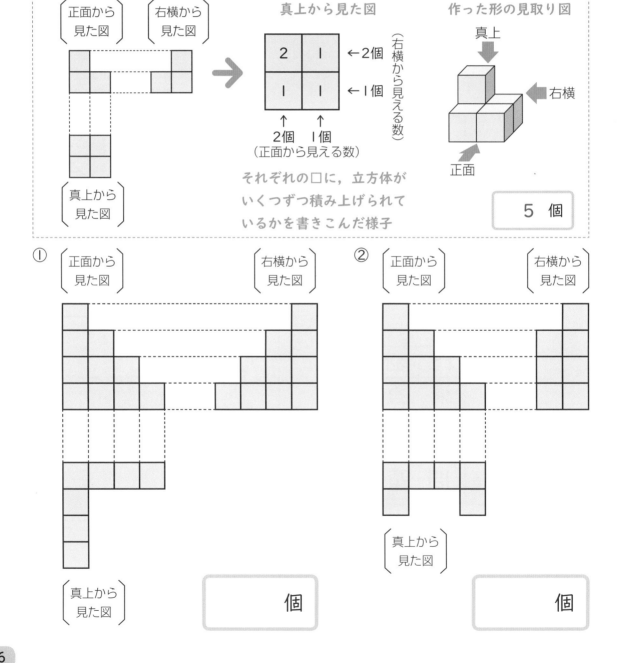

86

③

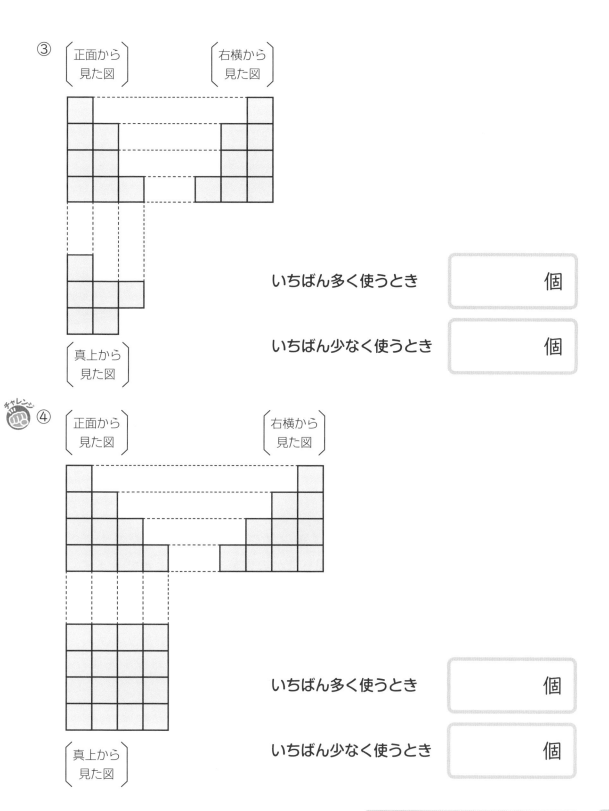

正面から
見た図

右横から
見た図

真上から
見た図

いちばん多く使うとき 　　　　個

いちばん少なく使うとき 　　　　個

チャレンジ ④

正面から
見た図

右横から
見た図

真上から
見た図

いちばん多く使うとき 　　　　個

いちばん少なく使うとき 　　　　個

たいちさんは，グラタンとデコレーションケーキを作ることにしました。材料をはかったり切ったりするところまではできているので，残りの作業とそれぞれに必要な時間は以下のとおりです。

《グラタン》

あ　マカロニをゆでる。（8分）

い　あのマカロニを使ってホワイトソースを作る。（12分）

う　いをオーブンで焼く。（オーブンが温まるまで15分，その後10分焼く。）

《デコレーションケーキ》

㋐　生地を作る。（15分）

㋑　㋐の生地をオーブンで焼く。（オーブンが温まるまで10分，その後25分焼く。）

㋒　オーブンから出したあと冷ます。（30分）

㋓　クリームを作る。（10分）

㋔　冷ましたケーキにデコレーションをする。（15分）

オーブンは1台だけ使え，オーブンを使っている間はほかの作業をすることができます。また，ケーキを冷ましている間もほかの作業をすることができます。

ケーキの生地はオーブンに入れる直前，クリームはデコレーションの直前に完成するようにします。また，オーブンで焼き始めるタイミングはオーブンが温まってからすぐで，焼き上がったあとはオーブンの中が冷めるのに15分かかります。グラタンを焼いたあとにケーキを焼くときや，ケーキを焼いたあとにグラタンを焼くときは，一度オーブンを冷ましてから改めて温める必要があります。

① グラタンだけを作る場合と，デコレーションケーキだけを作る場合のそれぞれについて，少なくとも何分必要か答えましょう。

グラタン 　　　　　　　　分

デコレーションケーキ 　　　　　　　　分

② グラタン１皿とデコレーションケーキ１台を作り，同時に完成させるには，少なくとも何分必要か答えましょう。

　　　　　　　　分

 ③ グラタンを２皿とデコレーションケーキを１台作ります。マカロニとホワイトソースは，２皿分を１皿のときと同じ時間で一度に作ります。オーブンはグラタンを１皿ずつしか焼けませんが，１皿目のグラタンが焼き上がった直後は，そのまま２皿目を焼くことができます。

　２皿目のグラタンとデコレーションケーキを，午後７時に同時に完成させるためには，何時何分に調理を始めればよいですか。また，その場合，ホワイトソースは，何時何分に作り始めればよいですか。それぞれいちばんおそい時刻を答えましょう。

調理を始める時刻 午後　　　時　　　分

ホワイトソースを作り始める時刻 午後　　　時　　　分

ホールケーキ（切り分けていないケーキ）は「１台，２台」と数えるよ。

答えは『解答編』の36〜37ページ

○に数字を入れよう

論理的判断力 ♈♈♈ 試行錯誤力 ♈♈ 情報整理力 ♈♈

ルール を読んで，○に数字を入れましょう。

ルール

- ○には１から９の数が入る。
- それぞれの問題で，同じ数は１回しか使えない。
- ますの中の数は，そのますの上にある○と左にある○の合計になる。

《例》

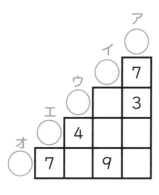

この問題では，

ア＋イ＝ 7

ア＋ウ＝ 3

イ＋オ＝ 9

ウ＋エ＝ 4

エ＋オ＝ 7

になるように，ア～オに数を入れます。

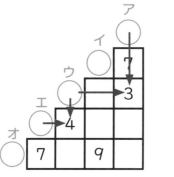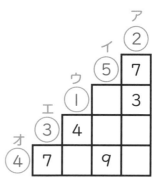

ウ＋エは 4 なので，ウ＋エは 1 ＋ 3 か 3 ＋ 1 です。

ア＋ウは 3 なので，ウが 1，エが 3，アが 2 とわかります。

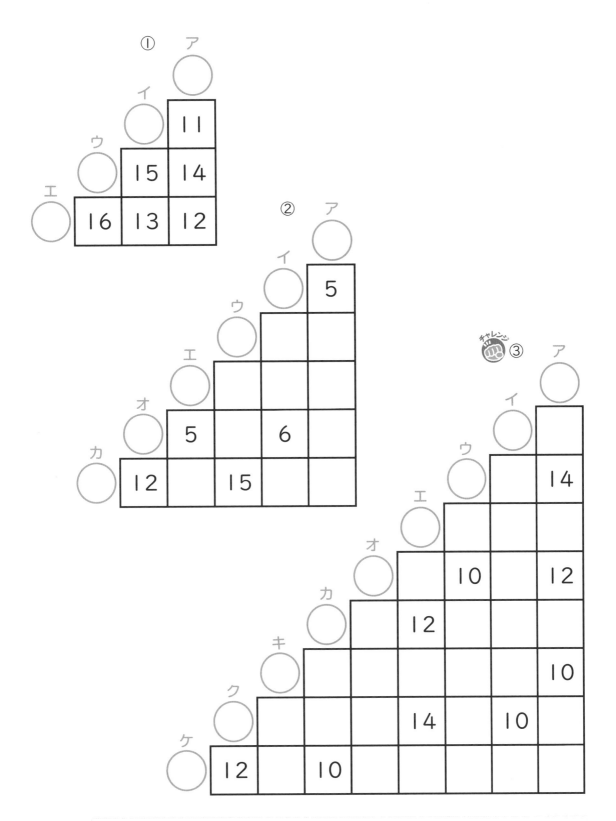

①

		11
	15	14
16	13	12

ア イ ウ エ

②

			5
	5		6
12		15	

ア イ ウ エ オ カ

チャレンジ ③

						14
				10		12
			12			
						10
		14		10		
12		10				

ア イ ウ エ オ カ キ ク ケ

 ③は 10 がたくさん出てくるね。たして 10 になる 2 つの数は、1 と 9、2 と 8、3 と 7、4 と 6 だよ。

答えは『解答編』の38ページ

48 太陽や月の動きについて考えよう

論理的判断力 ＹＹＹ　情報整理力 ＹＹ　注意力 Ｙ

　日本で太陽や月を観察すると，東のほうからのぼってきて，南の空を通って，西の
ほうにしずんでいきます。太陽は朝にのぼってきて夕方にしずみますが，月は形に
よって見える時間帯がちがいます。たとえば，満月の場合は太陽の反対の位置にある
ので，太陽が夕方に西のほうにしずむころに東のほうに見えます。

　日の出は太陽の上のはしが地平線や水平線から見え始めたとき，日の入りは太陽が
完全に地平線や水平線の下にかくれたときをいいます。一方，月の出・月の入りは，
月がのぼるときやしずむときに，月の中心が地平線や水平線の上にきたときをいいま
す。また，太陽や月が真南にくる時刻は，それぞれ日の出と日の入り，月の出と月の
入りの真ん中になります。

① 　日の出と月の入りを表す図を，次の**ア～エ**の中からそれぞれ選んで記号で答えま
　しょう。ただし，ここでの月は満月です。

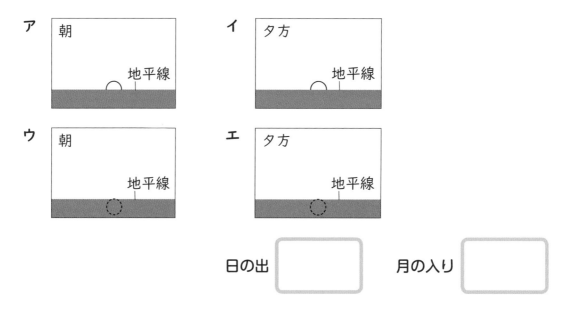

日の出 [　　　]　　　月の入り [　　　]

② 　ある日，日本のある地点で太陽を観察していたところ，水平線から太陽全体が
　出たのが 6 時 24 分で，水平線の下に太陽全体がかくれたのが 18 時 34 分でした。
　また，この日の太陽が真南に来たのが 12 時 28 分でした。日の出から，太陽全体
　が水平線から出るまで，何分かかりましたか。

[　　　　] 分

③　ひかりさんは，日本のある地点で 3 月 5 日から 7 日までの月を観測して，次の
　　ようなメモをとりました。メモにある時刻は，すべて 24 時制（0 時 0 分〜 23 時
　　59 分）で書かれています。メモを読み取り，表に 3 月 5 日から 7 日までの，月
　　の出と月の入りの時刻を書きましょう。

3月5日
1 時 24 分に月がしずんで，11 時 2 分に月が出た。この月は 18 時 43 分に真南にきた。その後は空に雲が出てきて月が見えなくなってしまった。

3月6日
朝になったら晴れてきた。12 時 9 分に月が出た。

3月7日
昨日出た月がしずむまでの時間をはかったところ，15 時間 7 分だった。
月がしずんでからまた月が出るまでの時間をはかったところ，10 時間 5 分だった。

月／日	月の出	月の入り
3/5	時　　分	時　　分
3/6	時　　分	時　　分
3/7	時　　分	時　　分

※時刻は 24 時制で書きましょう。

3 月 5 日 1 時 24 分にしずんだ月は前の日にのぼった月だから，3 月 5 日の
「月の出」に入るのはそのあと出てきた時刻になるよ。

49 ３つ並ばないように書こう

論理的判断力 🌱🌱🌱　注意力 🌱🌱🌱　試行錯誤力 🌱🌱

 ルール を読んで，□の中のすべてのますに○，×，△のどれかの記号を入れましょう。

ルール

- どの縦の列にも，○，×，△の記号が３回ずつ入る。
- どの横の列にも，○，×，△の記号が３回ずつ入る。
- どの □ の中にも，○，×，△の記号が３回ずつ入る。
- 縦や横に同じ記号が３つ続けて並んではいけない。

 それぞれの列に記号が３つ入ったら，□の外の □ に印（✓）をつけると考えやすいよ。

答えは『解答編』の40ページ

いよいよ最後の問題だよ。難しいけれど，がんばってチャレンジしよう！

小学 6 年生のあいさんは，お父さんとお母さんとの 3 人家族です。この春に，新しい家に引っこすことになりました。次の会話は，引っこし先の物件について家族で話し合っているところです。

父　：まず，駐車場は絶対に必要だ。あとは，洗濯物がよくかわくように，日当たりのいいベランダがあることも重要だね。そう考えると，ベランダは南向きがいいのかな。

母　：朝のうちに干すことが多いから，南向きか東向きのどちらでもいいわよ。あとはなるべく築浅だといいわね。

あい：築浅ってどういう意味？

母　：建てられてから時間がたっていない物件のことよ。建てられてから何年たっているかを表す「築年数」という言葉とあわせて，物件を探すときにはよく目にするはずよ。ここ 5 年のうちにできたところがいいけれど，リフォームされていたら古くてもよさそうね。

父　：そうだね。あいの希望はあるかい？

あい：今までは家族 3 人で同じ部屋で寝ていたけれど，次は 1 人部屋がほしいな。

母　：1 人部屋は和室と洋室のどちらがいいの？

あい：できれば洋室がいいけれど，1 人部屋ができるならどちらでもいいよ。それよりも，中学生になったら電車通学をするから，駅から遠すぎない家だとうれしいな。

父　：雨の日のことを考えると，自転車ではなく歩いて駅まで行けるところがいいね。そうすると，駅から徒歩 10 分以内のところがいいかな。

あい：20 分くらいまでなら歩けるよ。それより長いと，通学時間が長くなって大変だな。

父　：わかった。あいの希望もなるべくかなえられる物件にしよう。ほかに，立地の面で希望はあるかな。

母　：やっぱり近くにスーパーはほしいわね。

あい：それからドラッグストアや銀行が近くにあったほうがいいんじゃないかな。

この問題は次のページに続きます ▷▷▷

父　：そうだね。でも，全部が近くにある物件は難しいかもしれないよ。

母　：ドラッグストアや銀行は，かわりにコンビニがあれば十分じゃないかしら。雑貨もそろっているし，お金をおろすこともできるからね。

父　：なるほど，それもそうだ。ほかの条件でしぼりこんだあと，スーパーとコンビニがより近くにあるかどうかでさらにしぼれそうだね。

あい：希望がまとまってきたね。新しい家は，どこになるのかな。

① 　候補の物件が4つあがりました。それぞれの物件の場所は，下の地図の A ， B ， C ， D です。また，簡単な間取り，設備，立地，築年数を次のページにまとめました。これを見て，3人の希望がいちばんかなう物件を1つ選んで記号で答えましょう。

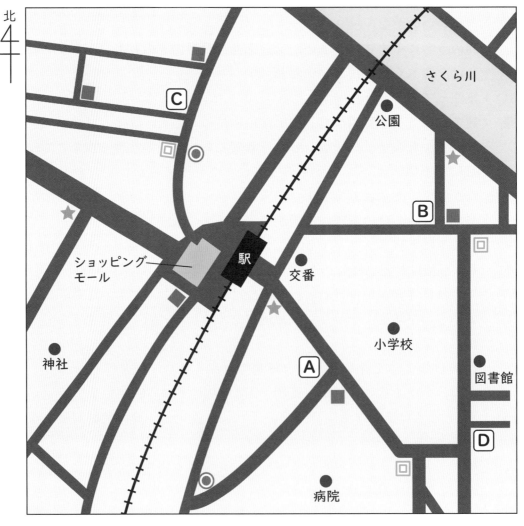

■ コンビニ　□ スーパー　★ ドラッグストア　◎ 銀行

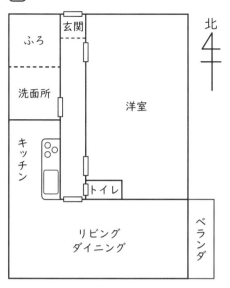

A

・駐車場なし
・駅から徒歩5分
・築40年，5年前にリフォーム

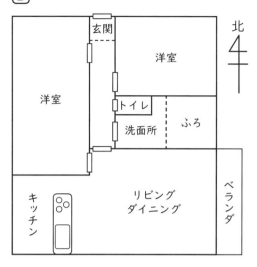

B

・駐車場あり
・駅から徒歩10分
・築12年，3年前にリフォーム

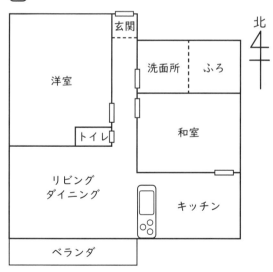

C

・駐車場あり
・駅から徒歩8分
・築20年，リフォーム歴なし

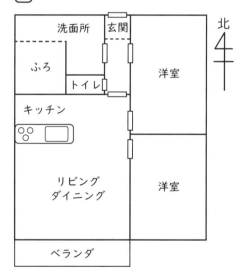

D

・駐車場あり
・駅から徒歩15分
・築5年，リフォーム歴なし

この問題は次のページに続きます

あいさんは，次の図の部屋を1人部屋としてもらえることになりました。部屋には窓とドアがあり，ドアは内開きで，南のかべにつくように開きます。

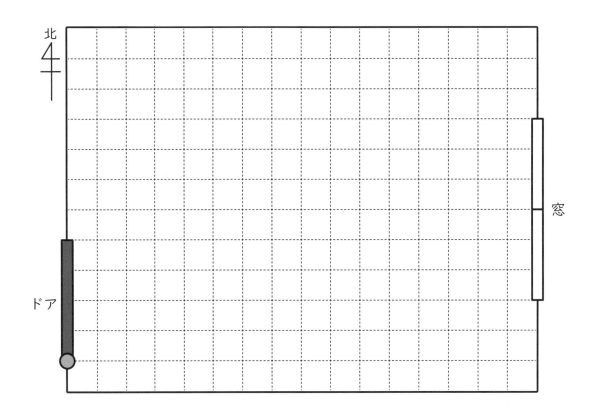

② ドアを開けるとき，ドアが通る範囲を 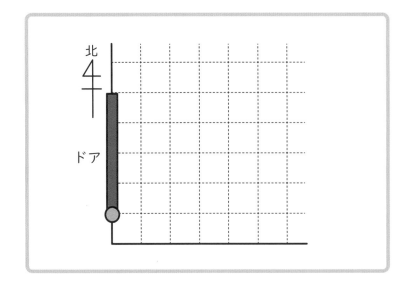 で表しましょう。

あいさんは，この部屋に家具を置きたいと思っています。置きたい家具の種類と大きさは次の通りです。ただし，⬚の1ますの大きさは，部屋の図に書かれたものと同じ大きさを表します。

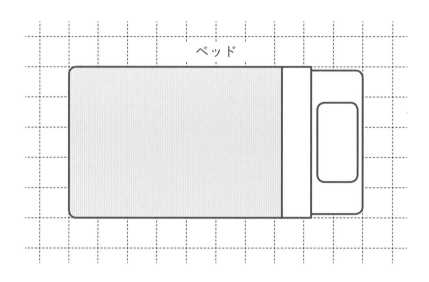

ベッド

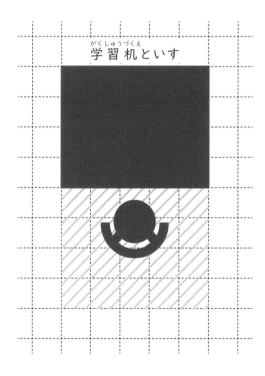

学習机といす

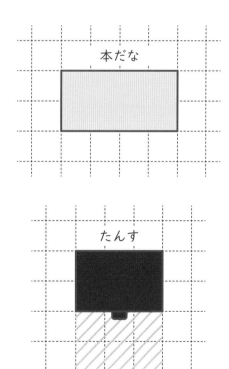

本だな

たんす

家具を置くにあたって，次の ルール を決めました。

ルール
- ドアが開くときに通る範囲には，家具を置かない。
- 学習机は，いすを動かす空間を残すために，学習机と同じ大きさの空間をいすのあるほうに確保する。
- たんすは，たんすを開けて使うときの空間として，たんすと同じ大きさの空間を取っ手のついているほうに確保する。
- 家具と家具の間は，必ず1ます以上空くようにする。このとき，学習机やたんすを使うために確保した空間も「家具」として考える。
- たんすと本だなは，東側のかべにつくように置かない。
- たんすと本だなは，少なくとも長い辺がかべにつくように置く。
- ベッドと学習机は，2つの辺がかべにつくように置く。

③ 次のようにベッドを置いたとき，ほかの家具を ルール にしたがって置くことはできますか。置くことができるものをすべて選んで，記号に○をつけましょう。ただし，まくらの向きは考えなくてよいことにします。

ア ベッドの長い辺を北のかべに，短い辺を西のかべにつけたとき。
イ ベッドの長い辺を北のかべに，短い辺を東のかべにつけたとき。
ウ ベッドの短い辺を北のかべに，長い辺を東のかべにつけたとき。
エ ベッドの短い辺を南のかべに，長い辺を東のかべにつけたとき。
オ ベッドの長い辺を南のかべに，短い辺を東のかべにつけたとき。

③は，最後のページにある「ふろく　切り取って使おう」を使って考えてみよう。

答えは『解答編』の41〜42ページ

さいごまで,
よくがんばりました！

Ｚ会　小学生のための思考力ひろがるワーク
発展編

初版第 1 刷発行　　2020 年 7 月 10 日
初版第 4 刷発行　　2023 年 9 月 10 日

編者　　Ｚ会編集部
発行人　藤井孝昭
発行所　Ｚ会
　　　　〒 411-0033　静岡県三島市文教町 1-9-11
　　　　【販売部門：書籍の乱丁・落丁・返品・交換・注文】
　　　　TEL　055-976-9095
　　　　【書籍の内容に関するお問い合わせ】
　　　　https://www.zkai.co.jp/books/contact/
　　　　【ホームページ】
　　　　https://www.zkai.co.jp/books/
装丁　　山口秀昭（Studio Flavor）
写真提供　青森県立郷土館　大阪府立弥生文化博物館
　　　　　国立国会図書館ウェブサイト　静岡県立美術館
　　　　　十日町市博物館
印刷所　シナノ書籍印刷株式会社

ISBN　978-4-86290-318-1

切り取って使おう

上半分は、「⓪折り紙を並べて形を作ろう」、下半分は「⓾引っこしを成功させよう」を考えるときに使うよ。右のページを------で切り取って、下の図に並べて考えよう。

⓿ 折り紙を並べて形を作ろう

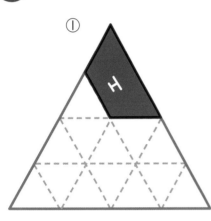

⓾ 引っこしを成功させよう

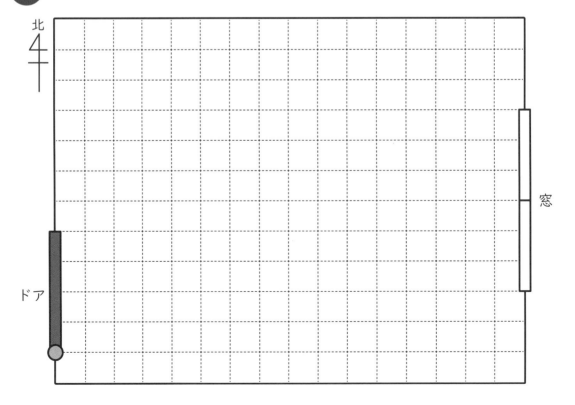

❷⓪を考えるときに使います。

①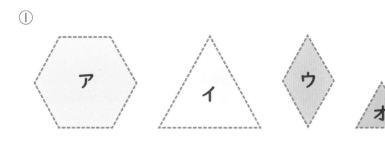

②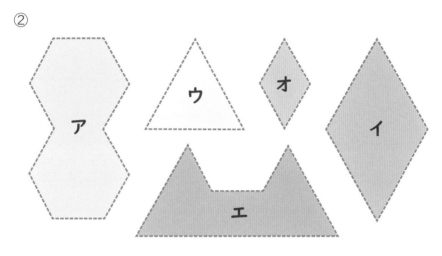

❺⓪を考えるときに使います。

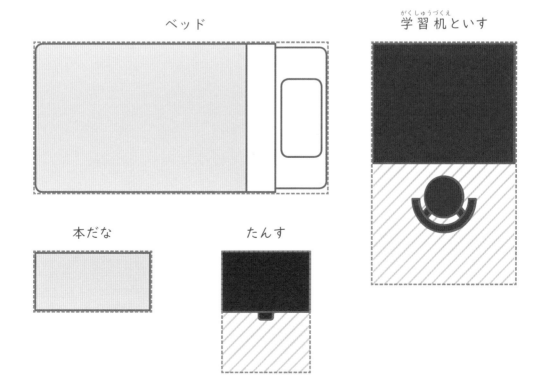

ベッド

学習机といす

本だな　　　　　たんす

思考力
ひろがる
ワーク

発展編

かい　　とう　　へん
解答編

Z-KAI

ボールを拾いながら進もう

10~11ページ

①

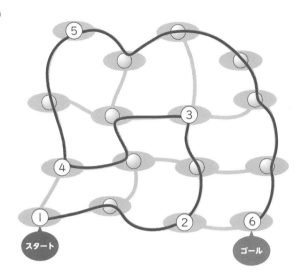

②

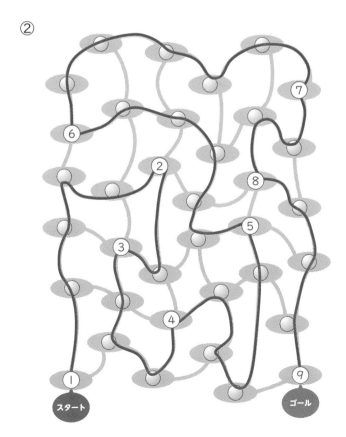

1

② きまりを見つけて図を答えよう　　　　　12〜13ページ

【答え】

① ア　　　　　イ　

② ア　　　　　　　　　　　　　イ

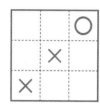

【解説】

① 色がついている部分が，左回りに1ます，2ます，3ます，…と進んでいます。

② 左の2つの図で，同じ場所に記号が入っているますを見ると，

　　両方〇が入っている→右の図では×が入る

　　両方×が入っている→右の図では〇が入る

　　一方に〇，もう一方に×が入っている→右の図では空白になる

となっていて，片方に記号が入っていないます，両方に記号が入っていないますは空白になっています。

③ どの計算か見ぬこう　　　　　　　14ページ

【答え】

① $1 \times 2 + 3 - 4 + 5 = 6$

② $12 \div 3 + 4 = 56 \div 7$

③ $12 + 3 \times 4 \times 5 + 6 = 78$

④ $1 \times 2 + 3 + 45 - 6 \times 7 = 8$

⑤ $1 + 234 \times 5 \div 6 - 7 - 89 = 100$

④ 同じ文字を入れて言葉を作ろう　　　　　15ページ

答え

① **A** う　　**B** せ　　　② **A** い　　　**B** く

③ **A** う　　**B** ん　　　④ **A** ん　　　**B** ま

解説

① 「こうちょうせんせい（校長先生）」ができます。

② 「たいりょくそくてい（体力測定）」ができます。

③ 「うんどうしんけい（運動神経）」ができます。

④ 「じしんまんまん（自信満々）」ができます。

⑤ 賞品を当てよう　　　　　16〜17ページ

答え

ウ

解説

　「あるルール」とは，「熟語の2文字目をひらがなにして送り仮名とみて，1文字目を訓読みで読む」ことです。

　　　動機 → 動き → うごき
　　　学部 → 学ぶ → まなぶ
　　　白衣 → 白い → しろい
　　　同時 → 同じ → おなじ
　　　防具 → 防ぐ → ふせぐ
　　　便利 → 便り → たより
　　　冷帯 → 冷たい → つめたい

　この読み方で☐をうめると，〖￣￣〗の部分は「ごましおふたつ」となるので，賞品のお弁当は**ウ**です。

6 ひし形と台形を数えよう

18ページ

【答え】

① ひし形 3 個，台形 3 個

② ひし形 15 個，台形 30 個

【解説】

① ひし形は，◇ が 3 個です。

　台形は，△△ が 3 個です。

② ひし形は，◇ が 12 個， が 3 個です。

　台形は，△△ が 18 個，△△△ が 6 個，△△△△ が 6 個です。

7 植物の名前を当てよう

19ページ

【答え】

土筆 —— つくし

向日葵 —— ひまわり

南瓜 —— かぼちゃ

胡桃 —— くるみ

いちじくは「無花果」と書くよ。花が，実の中にかくれるようにしてさくので，外からはまるで花がさいていないのに実をつけたように見えるんだね。

【解説】

かぼちゃは「カンボジア」の音が変化して「かぼちゃ」になったといわれています。

4

8 英単語を1回ずつ入れよう

20〜21ページ

【答え】

ELEPHANT

【解説】

　ELEPHANT は動物の「象」という意味です。

OTTER（かわうそ）は泳ぐのが得意で，水辺にすむけれど，陸上でも生活できる動物だよ。ちなみに SEA OTTER は，「ラッコ」。ラッコは海で生活していて，陸上では生活しないよ。ラッコは実はかわうその仲間なんだ。
HORSE（馬）に SEA（海の〜）をつけた SEAHORSE は「タツノオトシゴ」だよ。タツノオトシゴの頭は馬にそっくりだね。

5

答え

① Aさん→Cさん→Bさん

② Eさん→Gさん→Dさん→Hさん→Fさん

解説

② 書店にあるお金の変わり方は，次のようになります。

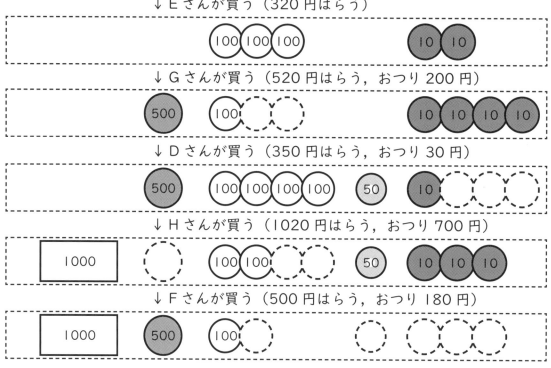

答え

正しい文字

```
もののあたたまり方と色の関係
                    2月18日　青山みどり

（1）調べたいこと
　　⨀場の光を当てたとき，当てたものの色とあたたまり方
　に関係があるかどうかを調べる。

（2）実験の手順
　①　3本のペットボトルに水を入れ，水の温度を記録する。
　②　①のペットボトルに黒，白，赤の画用紙を1枚ずつ巻き，
　　日当たりがよい場所に置く。
　③　1時間後の水の温度を記録する。

（3）わかったこと
　　実験前と，実験を開始して1時間後の水の温度は，次の
　ようになった。
```

	黒	白	赤
実験前	14℃	14℃	14℃
1時間後	23℃	16℃	6⑧℃

```
　　実験の結果，黒い画用紙を巻いたペットボトルの水がもっ
　ともあたたまりやすく，⨀い画用紙を巻いたペットボトル
　の水がもっともあたた⨀りにくいとわかった。

（4）感想
　　もののあたたまりやすさと色には関係があるとわかった
　ので，たとえば夏の⨀い日に服の色を工夫することで，す
　ずしく過ごせそうだと思った。
```

太

1

白
ま

暑

解説

　1時間後の水の温度のうち，赤の画用紙を巻いたものだけ不自然な温度になっています。実験の様子から，正しい温度を読み取ります。

⓫ あてはまるものを選ぼう

26ページ

[答え]

① 長崎県　　② 地球　　③ 郵便ポスト

 それぞれの星のおよその直径は,
地球…………… 13000km
火星…………… 6800km
月……………… 3500km
太陽………… 1400000km
だよ。

⓬ にせの金貨を見つけよう

27ページ

[答え]

B と G

[解説]

A, C, E をのせた皿より, B, D, F をのせた皿のほうが軽いので,

　　ⓐ　B, D, F のうち 1 つか 2 つがにせ物

　　ⓘ　A, C, E は本物

です。

また, D, H をのせた皿より, C, G をのせた皿のほうが軽いので,

　　ⓤ　C, G のうち 1 つか 2 つがにせ物

　　ⓔ　D と H は本物

です。

ⓘとⓤより, G はにせ物です。

A, B, C をのせた皿と, D, E, G をのせた皿がつり合うから, A, B, C の中にも 1 つだけにせ物があります。ⓘより, B がにせ物です。

答え

あ **ウ**　い **イ**　う **ア**

解説

　アの東側にある，円のような海岸線があるのはうです。これは桜島の海岸線で，大隅半島と地続きになっています。

　ウの北側にとがった形の県境があります。この形の県境をもつのはあです。

　いと**イ**はともに，東側に海岸線，西側に県境をもつので，いの県庁所在地が**イ**です。

　それぞれの県と県庁所在地を組み合わせると，次のようになります。

あ 静岡県－**ウ** 静岡市　　い 宮城県－**イ** 仙台市　　う 鹿児島県－**ア** 鹿児島市

答え

①

②

③

解説

① 「お手玉」「玉手箱」ができます。

② 「局地的」「目的地」ができます。

③ 「高性能」「可能性」ができます。

答え

①

②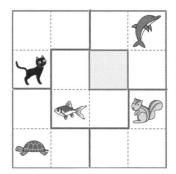

③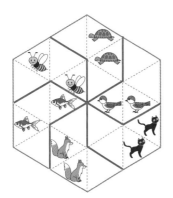

④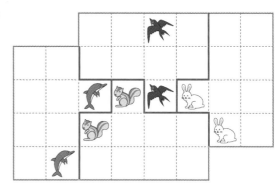

答え

 60g　◯ 30g　▲ 15g　◯ 5g　★ 20g

解説

　◆の重さを◇, ◯の重さを◎, ▲の重さを△, ◯の重さを◯, ★の重さを☆とします。

　Bで, は 45g とわかっているので, ◎× 30 = 45 × 20 です。だから, ◎は 30g です。

　Aの, 左下のぼうについて調べます。◇× 10 = 30 × 20 だから, ◇は 60g です。

　Aの, いちばん長いぼうについて調べると, (60 + 30) × 20 =(△＋△)× 60 だから, △は 15g です。

　Cの, 左下のぼうについて調べます。◯＋◯＋☆と, ◯＋◯の 3 倍が等しいので, ☆は◯の 4 個分の重さです。

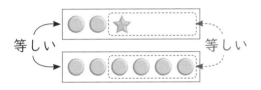

　つまり, 右の図のモビールもつり合うことがわかります。

　◯の 8 個分の 2 倍と, ◯の 4 個分と△の 4 個分を合わせた重さが等しいので, ◯の 12 個分と△の 4 個分が等しいです。つまり, △は◯の 3 個分の重さです。△は 15g なので, ◯は, 15 ÷ 3 = 5 (g) で, ☆は, 5 × 4 = 20 (g) です。

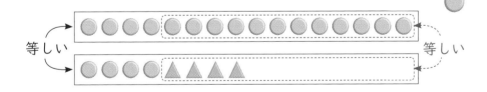

17 漢字2文字の言葉を作ろう　　　　　　　　　　34ページ

答え

① 　　予
　情→**報**→道
　　　↓
　　　告

② 　　無
　証→**言**→語
　　　↓
　　　葉

③ 　　布
　集→**団**→結
　　　↓
　　　子

④ 　　確
　軽→**率**→先
　　　↓
　　　直

解説

① 「予報」，「情報」，「報道」，「報告」ができます。
② 「無言」，「証言」，「言語」，「言葉」ができます。
③ 「布団」，「集団」，「団結」，「団子」ができます。
④ 「確率」，「軽率」，「率先」，「率直」ができます。

18 何を説明しているか考えよう　　　　　　　　　　35ページ

答え

①　1円玉　　②　歯ブラシ

 1円玉に書かれている木は「若木」と呼ばれていて，特定の植物ではない架空のものだよ。

19 暗号を読み解こう①　　　　　　　　　　36～37ページ

答え

解説

　暗号を読み解くと，「ETO DE HAJIME GA NE NARA OWARI HA NANI?（干支で，はじめが「ね」なら終わりは何？）」となります。干支は，子（ねずみ）で始まり亥（いのしし）で終わります。

⑳ 折り紙を並べて形を作ろう

38〜39ページ

[答え]

①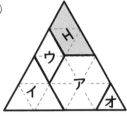

②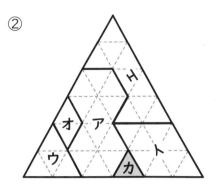

㉑ 同じ漢字を入れて言葉を作ろう

40ページ

[答え]

① **1** 一　　**2** 両　　**3** 断　　**4** 言　　**5** 横　　**6** 歩

　7 道　　**8** 文　　**9** 散

② **1** 自　　**2** 業　　**3** 意　　**4** 投　　**5** 一　　**6** 手

　7 足　　**8** 人　　**9** 図　　**10** 画　　**11** エ　　**12** 作

[解説]

① 「一刀両断」，「一言一句」，「横断歩道」，「言語道断」，「文武両道」，「真一文字」，
「五十歩百歩」，「散歩道」，「一目散」，「横一線」，「両生類」，「解散」ができます。

② 「自業自得」，「意気投合」，「一挙手一投足」，「自給自足」，「人手不足」，「図画工作」，
「自画自賛」，「人工知能」，「手作業」，「自作自演」，「百人一首」，「意図的」ができます。

「自業自得」は，自分がした行いの報いを自分が受ける
ことをいうよ。「準備体操をきちんとしなかったせいで
けがをしたのだから，自業自得だ。」のように使うよ。
「一挙手一投足」は，一度手を挙げ，足を動かすことを表しているよ。
このことから，ちょっとした労力という意味や，1つ1つの細かい動
作という意味をもっている言葉だよ。

答え

カードの色	赤	青	黄	緑	白
表	12	11	5	7	6
裏	8	9	15	13	14

解説

　白のカードの表に書かれた数は 6 なので，裏に書かれた数は，20 － 6 ＝ 14 です。

　青のカードは，表に書かれた数が 11，裏に書かれた数が 9 です。

　黄のカードの表に書かれた数は，表に書かれた数と裏に書かれた数の合計の $\frac{1}{4}$ だから 5 になり，裏に書かれた数は，20 － 5 ＝ 15 になります。

　ここまでにわかったことをまとめると，次のようになります。

カードの色	赤	青	黄	緑	白
表		11	5		6
裏		9	15		14

3 の倍数が 1 個，7 の倍数が 0 個
3 の倍数が 2 個，7 の倍数が 1 個

だから，赤と緑のカードの表は，3 の倍数と 7 の倍数です。

　赤のカードの表に書かれた数が 7 の倍数だとすると，2 けたで 20 以下の 7 の倍数だから，14 です。このとき，緑のカードの表に書かれた数は，41 －（14 ＋ 11 ＋ 5 ＋ 6）＝ 5 となり，表に書かれた数に 3 の倍数が 2 個あることに合いません。だから，緑のカードの表に書かれた数が 7 の倍数で，裏に書かれた数より小さいから，表に書かれた数が 7，裏に書かれた数が，20 － 7 ＝ 13 です。

　赤のカードの表に書かれた数は，41 －（11 ＋ 5 ＋ 7 ＋ 6）＝ 12 で，裏に書かれた数は，20 － 12 ＝ 8 です。

答え

① 吃　　② chien　　③ 학교

解説

　文の中で，共通して使われている語に注目します。

① 「食べる」という意味の言葉がふくまれているあ，い，えの中で，共通している語は「吃」です。「我」はあとえにはありますが，いにはありません。「鶏蛋」はえでしか使われていません。

　　①は中国語の文です。１つの文の中はすべてつなげて書かれています。

② 「犬」が使われているあ，い，うのうち，共通している語は「chien」です。「maison」はあとうにはありますが，いにはありません。

　　②はフランス語の文です。単語ごとにスペースをあけて書かれています。

③ 「学校」がふくまれるあ，う，えのうち，あの「학교」，うの「학교를」とえの「학교에서」の中に共通する部分があります。共通している「학교」が「学校」という意味だとわかります。

　　③は韓国語の文です。「学校で」「学校が」などの意味のまとまりでスペースがあいています。

　　　インターネットで検索すると，単語の発音を聞くことができるよ。「犬　フランス語　発音」のように検索して，どのように発音するのか聞いてみよう。また，タブレットやスマートフォンのアプリには，外国語の文をカメラでさつえいすると発音が聞けるものもあるよ。おうちの方といっしょにアプリを探してみてもいいね。

答え

算数　①　15点　　②　10点　　③　25点　　④　20点　　⑤　30点

国語　①　16点　　②　30点　　③　24点　　④　12点　　⑤　18点

解説

算数：Aさんは④だけまちがえたので，④の点数は，100 − 80 = 20（点）です。

　　　　次に，CさんとDさんに注目します。Cさんは③と④，Dさんは①と⑤が正
解だったので，2人の得点を合わせると，②以外の4問の点数の合計になります。
だから，②の点数は，100 −（45 + 45）= 10（点）です。

国語：CさんとDさんの点数を合わせると，満点に②の点数を合わせたものになり
ます。だから，②の点数は，60 + 70 − 100 = 30（点）です。

　　　　Aさんの点数より，③と④の点数の合計は，66 − 30 = 36（点）

　　　　Bさんの点数より，③と⑤の点数の合計は，72 − 30 = 42（点）

　　　　Cさんの点数より，④と⑤の点数の合計は，60 − 30 = 30（点）

だから，③，④，⑤の点数の合計の2倍は，36 + 42 + 30 = 108（点）にな
るので，③，④，⑤の点数の合計は，108 ÷ 2 = 54（点）です。したがって，
①の点数は，100 −（30 + 54）= 16（点）です。

答え

①
```
      2 5
  +   3 7 6
  ─────────
      4 0 1
```

②
```
    2 0 4 3
  -     5 6
  ─────────
    1 9 8 7
```

③
```
        5 4
  ×      3
  ─────────
    1 6 2
```

④ 2 0 5 ÷ 6 = 3 4 あまり 1

解説

③ 残っている数をかけて作れるもっとも大きい数は，43 × 5 ＝ 215 で，これは 260 より小さいです。だから，**エ**は 1 とわかります。**イ**×**ウ**の一の位が**オ**になるので，**イ**と**ウ**は 3 と 4，**オ**は 2 とわかります。

```
    ア イ
  ×     ウ
  ─────────
    エ 6 オ
```

④ ア イ ウ ÷ 6 ＝ エ 4 あまり オ　とすると，

エ 4 × 6 ＋ オ ＝ ア イ ウ だから，一の位に注目すると，

　　　　オが 0 のとき，**ウ**は 4

　　　　オが 1 のとき，**ウ**は 5

　　　　オが 2 のとき，**ウ**は 6

　　　　オが 3 のとき，**ウ**は 7

　　　　オが 5 のとき，**ウ**は 9

したがって，**オ**は 1，**ウ**は 5 とわかります。

0 はいちばん上の位に入れられないので，**イ**が 0 になります。

【答え】

① あ 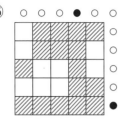　い

② あ　い

③ あ　い

【解説】

② 明かりがついていないパネルから，縦・横・ななめに進んだところにあるスイッチは「オフ」とわかります。

③ まずは，すでに明かりがついているところを調べ，ついていないところをつけるのに必要なスイッチを考えます。

あ 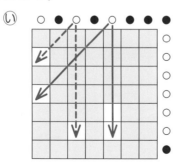　い

答え

① 郵便番号の区切り方がちがう。
② 砂時計をひっくり返して置くことができない。

②は，「上にかざりがある」と書いてもよいけれど，「(だから) ひっくり返して置くことができない」ことまで書けるとよりよい答えになるね。

解説

① 郵便番号は，左から 3 けた目と 4 けた目の間をハイフン（-）などで区切ります。問題の絵では，左から 4 けた目と 5 けた目の間で区切られています。

② 砂時計は，砂が落ちきったら次はひっくり返して置くことで，また時間をはかれるようになっています。問題の砂時計は，上のかざりがじゃまで，ひっくり返したときにまっすぐ置くことができません。

郵便番号が作られたときは，「154」のような 3 けたの番号や，「350-11」のような 5 けたの番号が使われていて，担当する郵便局がわかるようになっていたよ。その後，もとの郵便番号の後ろにさらに細かい地域を表す番号を付け加えて，今の 7 けたの郵便番号になったよ。

㉘ 英単語の意味を考えよう 　　　52ページ

答え

① 未知の　　② 燃やせる　　③ 信じられない　　④ 唯一無二の

解説

① 「known（知られている）」に，「~でない」という意味の「un」がついて，「知られていない，未知の」という意味になりました。

② 「flame（火，ほのお）」に，「~できる」という意味の「able」がついて，「燃やすことができる，可燃性の」という意味になりました。

③ 「believe（信じる）」に，「~でない」という意味の「un」と，「~できる」という意味の「able」の両方がついて，「信じられない」という意味になりました。

④ 「replace（取りかえる）」に，「~でない」という意味の「ir」と，「~できる」という意味の「able」の両方がついて，「取りかえることができない」という意味になります。「取りかえることができない」ということは，「かえがきかない，ほかにない」ということなので，「たった 1 つの，唯一無二の」という意味になりました。

答え

①
$$\boxed{8} \times \boxed{6} = 48$$
$$+ \qquad ÷$$
$$\boxed{4} - \boxed{3} = 1$$
$$= \qquad =$$
$$12 \qquad 2$$

②
$$\boxed{3} \times \boxed{8} + \boxed{1} = 25$$
$$\times \qquad ÷ \qquad \times$$
$$\boxed{9} + \boxed{2} - \boxed{5} = 6$$
$$+ \qquad ÷ \qquad +$$
$$\boxed{6} \times \boxed{4} - \boxed{7} = 17$$
$$= \qquad = \qquad =$$
$$33 \qquad 1 \qquad 12$$

③
$$\boxed{4} + \boxed{8} - \boxed{7} = 5$$
$$+ \qquad + \qquad +$$
$$\boxed{9} + \boxed{1} - \boxed{5} = 5$$
$$+ \qquad + \qquad +$$
$$\boxed{2} + \boxed{6} - \boxed{3} = 5$$
$$= \qquad = \qquad =$$
$$15 \qquad 15 \qquad 15$$

④
$$\boxed{9} \times \boxed{1} \times \boxed{8} = 72$$
$$\times \qquad \times \qquad \times$$
$$\boxed{5} \times \boxed{6} \times \boxed{3} = 90$$
$$\times \qquad \times \qquad \times$$
$$\boxed{2} \times \boxed{7} \times \boxed{4} = 56$$
$$= \qquad = \qquad =$$
$$90 \qquad 42 \qquad 96$$

解説

② 1から9までの数字を入れるので，□÷□÷4＝1は，8÷2÷4＝1になります。

③ □＋1＋□＝15の□に入る2つの数字は，5と9，6と8のどちらかです。このうち，□＋□－3＝5の□にも入れられる数字は，6だけです。

④ すべての列が3つの数のかけ算になるので，約数に注目します。5を約数にもつのは90だけなので，上から2列目のいちばん左が5になります。また，7を約数にもつのは，56と42だけなので，いちばん下の左から2列目が7になります。

　次に，いちばん左の列を考えます。56は3の倍数ではないので，いちばん下には3の倍数が入りません。だから，いちばん上に9，いちばん下に2が入ります。

答え

マンマルナツキガミエタ

解説

①ヤ	②マ	③グ	④チ	■	⑤オ	オ	⑥サ	⑦カ
■	⑧ケ	ン(B)	バ	イ	キ(G)	■	⑩マ	ゴ
⑪ク	ル	マ	■	⑫バ	ナ	ナ(E)	■	シ
⑬サ	ガ	■	⑭ウ	ラ	ワ	■	⑮シ	マ(C)
■	⑯カ	シ	ツ(F)	キ	■	⑰カ	マ(A)	■
⑱ミ	チ	ノ	■	⑲ト	ン	ネ	⑳ル(D)	
エ(J)	■	㉑ア	ミ(I)	ダ	ク	ジ	ー	
■	㉒タ(K)	イ	ヤ	■	シ	■	㉓ハ	ル
㉔ヒ	ニ	チ	■	㉕ヤ	マ	ガ(H)	タ	■

答え

① 1位　緑組　　2位　赤組　　3位　黄組　　4位　白組

② 1位　赤組　　2位　緑組　　3位　黄組　　4位　白組

解説

① 5人の話を表にまとめると右のようになります。

	白組	赤組	黄組	緑組
1位	×		×	
2位	×		×	×
3位	×	×		×
4位	○	×		×

② せいじさんとてつやさんが両方正しいことを言っているとします。すると，緑組は2位，3位，4位のいずれでもないので，1位です。すると，つくよさんの話も正しいことになるので，まちがったことを言っているのはゆきとさんかあかねさんです。ここまでの話をまとめると，右の図のようになります。

《せいじさんとてつやさんが正しいとき》

	白組	赤組	黄組	緑組
1位	×	×	×	○
2位			×	×
3位	×			×
4位				×

この問題の解説は次のページに続きます

もし，ゆきとさんが正しいことを言っているとすると，白組は4位です。すると，2位は赤組になってしまうので，あかねさんも正しいことになってしまいます。反対に，あかねさんが正しいことを言っているとすると，赤組は2位です。すると，白組は4位になってしまうので，ゆきとさんも正しいことになってしまいます。

つまり，「せいじさんとてつやさんが両方正しいことを言っている」とき，5人の中にまちがったことを言っている人がいなくなってしまうから，せいじさんかてつやさんのどちらかがまちがったことを言っているとわかります。

せいじさんがまちがっているとすると，ゆきとさん，あかねさん，つくよさん，てつやさんは正しいことを言っています。この4人の話を表にすると，次の左の表のようになります。だから，赤組が1位，緑組が2位，黄組が3位なら，せいじさんだけがまちがっていることになります。

《せいじさんがまちがっているとき》

	白組	赤組	黄組	緑組
1位	×		×	
2位	×		×	
3位	×	×		
4位	○	×	×	×

	白組	赤組	黄組	緑組
1位	×	○	×	×
2位	×	×	×	○
3位	×	×	○	×
4位	○	×	×	×

てつやさんがまちがっているとすると，ゆきとさん，あかねさん，つくよさん，せいじさんは正しいことを言っています。この4人の話を表にすると，次の左の表のようになります。すると，緑組が1位，赤組が2位，黄組が3位，白組が4位になってしまい，てつやさんも正しいことを言っていることになります。

《てつやさんがまちがっているとき》

	白組	赤組	黄組	緑組
1位	×		×	
2位	×			×
3位	×	×		×
4位	○	×	×	×

	白組	赤組	黄組	緑組
1位	×	×	×	○
2位	×	○	×	×
3位	×	×	○	×
4位	○	×	×	×

だから，まちがったことを言っているのはせいじさんだとわかります。

答え

① 20分

② 25分

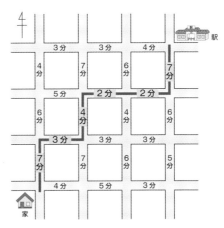

解説

　しゅんさんの家から，右の図の★の交差点に行くためにかかる時間を考えると，最短で，5 + 4 = 9（分）かかるとわかります。

　同じように，家からそれぞれの交差点まで進むのに少なくとも何分かかるかを順に書きこむと，次のようになります。

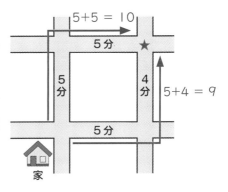

①

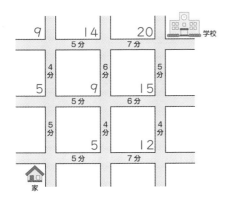

②

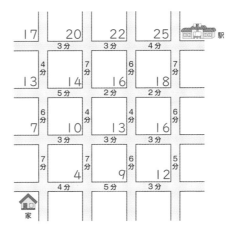

㉝ 縦と横に進みながら言葉を入れよう　　　60〜61ページ

答え

❶デ	❷オ	ー	ケ	ス	❸ト	ア	ン	グ
ン	❹サ	❺エ	ン	グ	ラ	イ	❻タ	ル
シ	オ	ル	ソ	ウ	❼リ	❽コ	ー	カ
ン	❾オ	ガ	ー	カ	ー	ン	ダ	ー
ガ	❿シ	ン	ピ	イ	⓫ボ	サ	ー	ボ
ク	ウ	ョ	⓬ス	ス	ン	ロ	⓭ト	ド
⓮カ	ン	⓯シ	ズ	パ	ア	ノ	⓰メ	ー
ブ	⓱モ	ッ	カ	ー	⓲ピ	ー	ス	⓳リ
キ	ッ	㉑ガ	ン	タ	㉒ギ	ム	ズ	㉓リ

「サンシン（三線）」は，沖縄県の伝統的な弦楽器だよ。

㉞ 正しく展示しよう　　　62〜65ページ

答え

① Ⓐ ウ　　Ⓑ ア　　Ⓒ イ

② Ⓐ ア　　Ⓑ イ　　Ⓒ カ　　Ⓓ エ　　Ⓕ オ
　　Ｂ ケ　　Ｃ ク　　Ｄ コ

解説

① 次の＿＿の部分は，ほかの絵にはない特徴なので，これらを手がかりに考えます。

Ⓐ 木々の生いしげった陸地から，海の向こうに富士山が見えている。富士山の中腹には白く細い雲がたなびいている。

Ⓑ おくに富士山がえがかれており，手前の海には帆のついた船や小舟など，たくさんの船がうかんでいる。

Ⓒ 海の向こうに富士山がえがかれている。大きくうねる波にさらわれないよう，小舟にしがみつく人々も見て取れる。

② 縄文土器の特徴は，

・模様がぎっしりついていることが多い。

・模様は，縄を転がしてつけられたと考えられている。

弥生土器の特徴は，

・縄文土器と比べると，うすくてかたく，模様があまりない。

・目的に合わせてちがう形のものが作られた。

と書かれています。また，新潟県の笹山遺跡，青森県の表館遺跡は，縄文時代の遺跡であることもわかっています。したがって，**カーキとエーケ**が縄文土器，**ウーク**と**オーコ**が弥生土器です。

㉟ 俳句を読み解こう　　　　　　　　　　66〜68ページ

[答え]

① あ 菜の花　　い 春　　う 夕方　　え しずむ　　お 東　　か 西

② A オ　　B イ　　③ ウ　　④ イ

[解説]

③ 満月のとき，太陽，月，地球の位置は次の図のようになります。

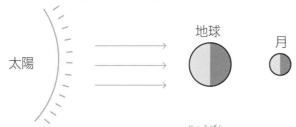

④ 満月の日の8日前なので，上弦の月を選びます。上弦の月はお昼ごろに出てきます。

答え

①
8	10	3
2	7	12
11	4	6

②
15	7	14
11	12	13
10	17	9

②は、〔　　〕の３つの数をたした答えと〔　　〕の３つの数をたした答えが同じになることから考え始めよう。

③
6	9	4	15
3	16	5	10
13	2	11	8
12	7	14	1

④
13	8	12	1
3	10	6	15
2	11	7	14
16	5	9	4

解説

　③と④で、それぞれの列に並ぶ４つの数をたすと、（1 ＋ 2 ＋ … ＋ 16）÷ 4 ＝ 34 になります。

③　**ア**は、34 −（15 ＋ 5 ＋ 12）＝ 2 です。

　　イは、34 −（9 ＋ 16 ＋ 2）＝ 7 です。

　　ウ＋エは、34 −（9 ＋ 15）＝ 10 です。まだ入っていない数で、たして 10 になる組み合わせは、4 と 6 だけです。**ウ**が 4 だとすると、**オ**は、34 −（4 ＋ 13 ＋ 12）＝ 5 となり、5 が 2 回入ってしまうため、合いません。だから、**ウ**が 6、**エ**が 4、**オ**が 3 とわかります。

④　**ア**は、34 −（1 ＋ 11 ＋ 16）＝ 6 です。

　　イ＋ウは、34 −（1 ＋ 4）＝ 29 だから、14 と 15 が入ります。**イ**が 14 だとすると、**エ**は、34 −（10 ＋ 6 ＋ 14）＝ 4 となり、4 が 2 回入ってしまうため合いません。だから、**イ**が 15、**ウ**が 14、**エ**が 3 とわかります。

　　オ＋カは、34 −（10 ＋ 11）＝ 13 だから、5 と 8 が入ります。**カ**が 8 だとすると、**キ**は、34 −（16 ＋ 8 ＋ 4）＝ 6 となり、6 が 2 回入ってしまうため、合いません。だから、**オ**が 8、**カ**が 5、**キ**が 9 とわかります。

ウ	9	エ	15
オ	16	5	
13	ア		
12	イ		

	オ		1
エ	10	ア	イ
	11		ウ
16	カ	キ	4

答え

名前	Caroline	Herbert	Benjamin
母語	ドイツ語	英語	フランス語
英語での読み方	キャロライン	ハーバート	ベンジャミン
ドイツ語での読み方	カロリーネ	ヒルベルト	ベンヤミン
フランス語での読み方	カロリーヌ	エルベール	バンジャマン

解説

　3 人の話から，Caroline, Herbert, Benjamin にはそれぞれ，

Caroline 　　＜キャロライン＞，＜カロリーネ＞，＜カロリーヌ＞

Herbert 　　＜ハーバート＞，＜ヒルベルト＞，＜エルベール＞

Benjamin 　　＜ベンヤミン＞，＜バンジャマン＞，＜ベンジャミン＞

の読み方があるとわかります。

　Benjamin は母語がフランス語と言っていて，Caroline は母語が英語でないと言っているので，Caroline の母語はドイツ語で，Herbert の母語が英語とわかります。

　Benjamin の話から，フランス語で Herbert は＜エルベール＞，Herbert の話から，英語で Benjamin は＜ベンジャミン＞です。Herbert の話から，＜ヒルベルト＞と＜ベンヤミン＞は同じ言語での読み方なので，どちらもドイツ語だとわかります。

インターネットで検索すると，単語の発音を聞くことができるよ。「Caroline　発音　ドイツ語」のように検索して，いろいろな言語の発音を聞き比べてみるとおもしろいね。

答え

あ　30〜79歳がひとまとめにされている

い　K

う　第1作と第2作の観客動員数で，縦のじく
の刻み方がちがう

あ は「30〜79歳」の部分に注目したこと，う は縦のじくのちがいに注目したことがわかるように書けていたら正解だよ。

解説

あ　年齢が小さいほうから3つ目までは，10年ずつで区切られているのに，最後だけ30〜79歳の部分がひとまとめになっています。50年分をひとまとめにして，ほかの3つの部分と同じ程度の割合なので，上の世代も均等に見ているとは考えられません。

　それぞれの年代の動員数が均等かどうかを調べるなら，この部分も30歳〜39歳，40歳〜49歳，…と分ける必要があります。

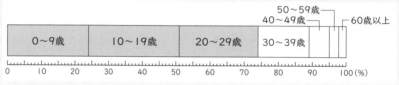

10年ごとに区切っていき，それ以上の年齢の人の割合が十分に少ないとわかったところから上は「○歳以上」とまとめてもよいね。

| 0〜9歳 | 10〜19歳 | 20〜29歳 | 30〜39歳 | 40〜49歳 50〜59歳 60歳以上 |

い　「映画に対する絶賛の声が集まった」としてしょうかいしているので，映画の内容に関係がないKさんの話を書くのはふさわしくありません。

う　縦のじくの目盛りが右と左にあり，異なる刻み方をしている例として，右の図のようなものがあります。このグラフでは，別の月どうしの気温と気温，降水量と降水量を比べたり，気温の変化の様子と降水量の変化の様子を見比べたりするときに使います。気温と降水量の値そのものを比べることはないため，それぞれ異なる目盛りを使っていても困ることはありません。

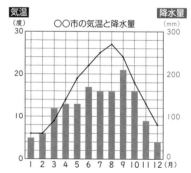

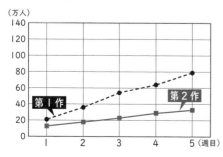

　今回のグラフは，第1作と第2作の動員数を直接比べるので，目盛りの刻み方が異なっているグラフはふさわしくありません。目盛りをそろえると，左のようなグラフになり，動員数は第2作のほうが少ないことがわかります。

答え

①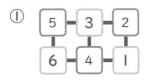

②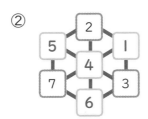

③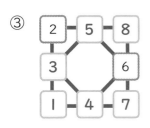

④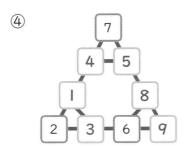

解説

②　真ん中の□は，6 個の数字とつながっているので，4 が入ります。

③　1 と 8 は，4 つの数字とつながることができないので，4 すみに入ります。4 すみのうち，6 とつながらない左下が，1 とわかります。8 を右下に入れると，下の真ん中の□に数字を入れられなくなるので，8 は右上に入り，2 と 8 の間が 5 に決まります。

④　1 は，6 や 7 とつながっている□に入れられないので，2 の右上に決まり，1 と 7 の間が 4 に決まります。

答え

あしか

解説

<もんだい>に現れる文字の位置に注目すると，次のように□をうめることができます。

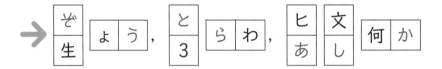

ヒ	ン	ト	を	も	と	に	，	な	ぞ	カ	ー	ド	を	読	み	解	い	て
あ	ら	わ	れ	る	3	文	字	の	生	き	物	の	名	前	が	何	か	を
ま	す	に	書	き	ま	し	ょ	う	。									

→

| ぞ | ょ | う | ， | と | ら | わ | ， | ヒ | 文 | 何 | か |
| 生 | | | | 3 | | | | あ | し | | |

答え

① 大地震（おおじしん）

② ㋐ イ　㋑ イ　ア　ウ　イ

③ あ 重　い 過（す）ぎた

④ イ

⑤ イ

「おほなゐ」は「おおない」と読むよ。

解説

① 本文の「❶山はくずれて河（かわ）をうづみ、❷海はかたぶきて陸地をひたせり。❸土さけて水わき出（い）で、❹いわほ割（わ）れて谷にまろび入る。❺なぎさこぐ船は波にただよひ、❻道行く馬は足の立ちどをまどはす。❼都のほとりには、在々所々堂舎塔廟（ざいざいしょしょどうしゃとうびょう）ひとつとして全からず、あるいはくづれあるいはたふれぬ。」という部分が，被害（ひがい）の様子を表しており，❶は土砂（どしゃ）くずれ，❷や❺は津波（つなみ），❸は液状化現象（えきじょうかげんしょう）を指すと考えられます。

❶～❼の被害をすべて引き起こすのは，大地震と考えられます。

② ㋐は，本文「昔，斉衡のころとか（文徳天皇のころに）」～「なほこのたびには しかずとぞ（今回の災害にはおよばないという）」にあてはまります。

㋑は，本文「土さけて水わき出で」の部分にあてはまります。

㋒は，本文「そのさま世の常ならず（その様子はこの世のものとは思えず）」に あてはまります。これは鴨長明が地震に対して思ったことであり，事実ではあり ません。

③ 「重なる」とは，同じものの上に同じものが加わっていくことを意味するので， 「月日が重なる」は時間が過ぎていくことを表すと考えられます。

④ 「すなはち人みなあぢきなき事を述べて，いささか心のにごりもうすらぐと見え しかど」は，「災害が起きてすぐは，人々も，世の中はいつ何が起こるかわからな いものだと気を引きしめたように見えたが」という意味です。続く言葉としてふさ わしいものは「年月がたつとみんな忘れてしまい，話題にする人がいなくなった」 です。

⑤ 「喉元過ぎれば熱さを忘れる」は，失敗したことやつらかったことも，時間がたっ たら忘れてしまうということです。「石橋をたたいてわたる」は，非常に用心深い こと，「果報は寝て待て」は，よい知らせは気長に待つのがよいという意味です。

この文章は大まかに次のような意味の文章だよ。この文章を心に留めて， ふだんから様々な災害に気をつけていきたいね。

　また，同じころだったか大地震が起こったことがあった。そのときの様子はこの世 のものとは思えず，山はくずれて川をうめ，海面はかたむいて陸地を浸水させた。地 面が割れて水があふれ出たり，岩が割れて谷に転げ落ちたりした。船は波にさらわれ， 道を通っていた馬は立つのが難しくなった。都の周辺では，あちらこちらで建物が被 害を受け，こわれたりたおれたりして，無事だったものは一つもなかった。（中略）

　昔，文徳天皇のころに大地震で東大寺の大仏の頭が落ちたことがあったらしいが， そのときでさえ，今回ほどひどくはなかったという。大地震が起こってすぐは，人々 もいつ何が起こるかわからない世の中に気を引きしめたかのように見えたが，年月が たつと，そんな話を口に出す人さえいなくなった。

答え

① **A** 3個　　**B** 5個　　**C** 4個　　**D** 5個　　**E** 3個

② ⓒ 2回　　ⓔ 1回

③ ⓐ 4回　　ⓑ 5回　　ⓒ 2回　　ⓓ 1回　　ⓔ 6回

解説

② 箱 **E** にキャンディが入るのは，ⓓかⓔのどちらかをおしたときで，ⓓはおしていないので，ⓔを1回おしたとわかります。ⓐ，ⓑ，ⓔを1回ずつおした時点では，箱 B，箱 C，箱 D にキャンディがあと2個ずつたりないので，ⓒは2回おしたとわかります。

③ 箱 **A** にキャンディが入るのはⓐ，ⓑのどちらかをおしたときで，箱 **B** にキャンディが入るのはⓐ，ⓑ，ⓒのどれかをおしたときです。だから，箱 **A** と箱 **B** に入ったキャンディの個数の差が，ⓒをおした回数になるので，ⓒは，11－9＝2（回）おしたとわかります。

　箱 **C** にキャンディが入るのは，ⓑ，ⓒ，ⓓのどれかをおしたときなので，ⓑとⓓをおした回数の合計は，8－2＝6（回）です。ボタンをおした回数はすべてちがうから，ⓑとⓓをおした回数は，「ⓑを1回，ⓓを5回」または「ⓑを5回，ⓓを1回」のどちらかです。

　ⓑを1回，ⓓを5回おしたとすると，ⓔをおした回数は，7－5＝2（回）で，ⓒをおした回数と同じになってしまいます。

　ⓑを5回，ⓓを1回おしたとすると，ⓐをおした回数は，9－5＝4（回），ⓔをおした回数は，7－1＝6（回）です。おした回数がすべてちがうから，これが答えです。

答え

① **ウ，オ**

② ゲームの景品

③ ⓐ **エ**　　ⓘ **コ**　　ⓤ **ク**　　ⓔ **ア**

解説

① こうきさん以外の 3 人がデザートを用意するので，こうきさんは料理を 2 種類用意します。料理のほかに，シール以外の景品と飲み物の中から 2 種類を用意することになります。

② こうきさん以外の 3 人がデザートを用意するので，こうきさんはゲームの景品を 2 種類用意します。

③ 料理，デザート，ゲームの景品からそれぞれ 1 種類ずつ用意する人が 2 人，料理と飲み物 1 種類ずつとゲームの景品 2 種類の組み合わせで用意する人が 1 人，飲み物 2 種類，デザート 1 種類，ゲームの景品 1 種類の組み合わせで用意する人が 1 人になります。決まっているものをリストに入れると次のようになります。

	料理	飲み物	デザート	ゲームの景品
ゆきこ	からあげ，いなりずし			
こうき	☐	☐		☐ , ☐
ひなの	サンドイッチ		カップケーキ	シール
たくや		麦茶， ☐	ゼリー	☐
すみれ	☐		☐	☐

44 部品を使って漢字を作ろう　　　85ページ

[答え]

[解説]

「調査」「快適」「油絵」「改造」の 4 つの熟語ができます。

45 立方体の数を考えよう　　　86〜87ページ

[答え]

① 16個　　② 14個

③ いちばん多く使うとき　13個　　いちばん少なく使うとき　11個

④ いちばん多く使うとき　30個　　いちばん少なく使うとき　22個

[解説]

　真上から見た図の□に，立方体がいくつずつ積み上げられているかを書きこんだ様子と，作った形の見取り図は，それぞれ次のようになります。

①

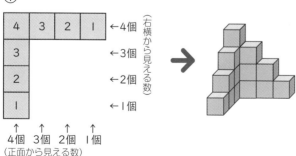

②

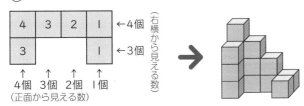

③

（いちばん多く使うとき）

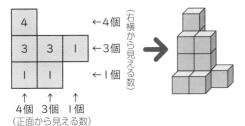

（いちばん少なく使うとき）

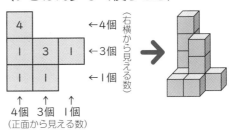

④

（いちばん多く使うとき）

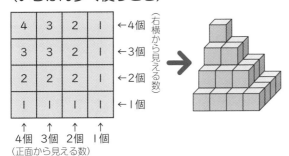

（いちばん少なく使うとき）

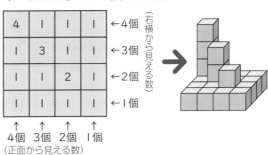

[答え]

① グラタン　30分　　デコレーションケーキ　85分　　② 85分

③ 調理を始める時刻　午後5時30分

ホワイトソースを作り始める時刻　午後6時23分

[解説]

① まずはグラタンについて考えます。あといにかかる時間は最短で，8 + 12 = 20（分）です。オーブンが温まるまで15分なので，あを始めてから5分後にオーブンを温め始

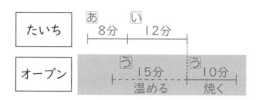

めれば，オーブンが温まると同時にホワイトソースが完成し，焼き始めることができます。したがって，全部で，20 + 10 = 30（分）です。

次にデコレーションケーキについて考えます。㋐にかかる時間は15分で，オーブンが温まるまで10分なので，㋐を始めてから5分後にオーブンを温め始めれば，オーブンが温まると同時に生地が完成し，焼き始めることができます。㋒は30分，㋓は10分かかるので，㋒を始めてから20分後に㋓を始めれば，ケーキが冷めたタイミングでクリームが完成し，㋔を始めることができます。㋔は15分かかるので，全部で，15 + 25 + 30 + 15 = 85（分）です。

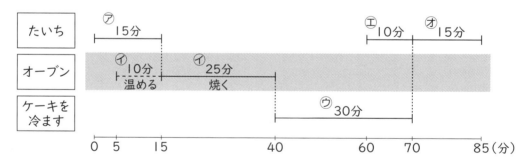

② 完成させる時間から逆に考えます。

グラタンは，焼くのに10分，オーブンを温めるのに15分かかるので，完成の，10 + 15 = 25（分前）から温め始めます。温め始めるときにはオーブンが冷めていなければならないので，25 + 15 = 40（分前）までにケーキを焼き終えている必要があります。

ケーキは，デコレーションを始めるまでに冷めていなくてはいけないので，完成の，15 + 30 = 45（分前）までにケーキを焼き終えている必要があります。

したがって，完成の 45 分前にケーキが焼きあがるように，45 ＋ 25 ＋ 15 ＝ 85（分前）に⑦を始めることにすれば，完成の 70 分前から 25 分前の 45 分間は手が空くので，このうちの 20 分を使ってあといを行うことができます。

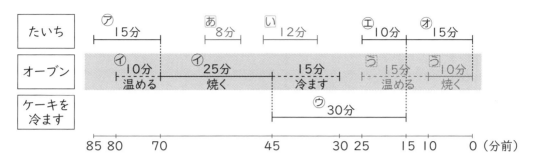

③　完成させる時間から逆に考えます。

グラタン 2 皿を焼くのに，10 × 2 ＝ 20（分），オーブンを温めるのに 15 分かかるので，完成の，20 ＋ 15 ＝ 35（分前）から温め始めます。温め始めるときにはオーブンが冷めていなければならないので，35 ＋ 15 ＝ 50（分前）までにケーキを焼き終えている必要があります。

ケーキは，デコレーションを始めるまでに冷めていなくてはいけないので，完成の，15 ＋ 30 ＝ 45（分前）までにケーキを焼き終えている必要があります。

したがって，完成の 50 分前にケーキが焼きあがるように，50 ＋ 25 ＋ 15 ＝ 90（分前）に⑦を始めることにすれば，完成の 75 分前から 25 分前の 50 分間は手が空くので，このうちの 20 分を使ってあといを行うことができます。午後 7 時ちょうどに完成させるので，調理を始める時刻は 90 分前の，午後 5 時 30 分です。

ホワイトソースを作り始める時刻のもっともおそい場合は，完成の，15 ＋ 10 ＋ 12 ＝ 37（分前）だから，午後 6 時 23 分です。

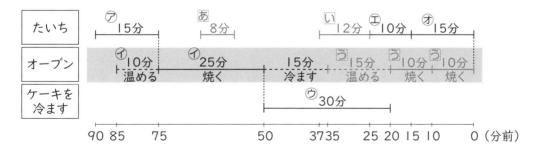

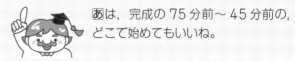

あは，完成の 75 分前～ 45 分前の，どこで始めてもいいね。

答え

①

②

③

解説

① **ウ**と**エ**はたして 16 になるので，7 と 9 です。**ア**と**ウ**をたすと 14 になるから，**ウ**が 9，**エ**が 7，**ア**が 5 とわかります。

② **エ**と**オ**をたすと 5 になるから，**オ**は 4 以下なので，**オ**＋**カ**は 4 ＋ 8 か 3 ＋ 9 です。**オ**が 3 だと，**イ**＋**オ**＝ 6 より**イ**も 3 になってしまうので，**オ**は 4，**カ**は 8，**イ**は 2 です。

③ ○＋○＝ 10 のとき，2 つの○に 5 は入らないから，縦の列にも横の列にも 10 がない○に 5 が入るので，**エ**が 5 と決まります。すると，**カ**と**ク**が決まり，**イ**と**ケ**も決まります。

　　○＋○＝ 12，○＋○＝ 14 の○には 1 や 2 は入らないから，縦の列にも横の列にも 12 や 14 がない○に 1 や 2 が入るので，**キ**が 2 と決まります。

答え

① 日の出　**ウ**　　月の入り　**ア**　　② 2分

③

月 / 日	月の出	月の入り
3/5	11時2分	1時24分
3/6	12時9分	2時24分
3/7	13時21分	3時16分

解説

① 日の出は，朝，太陽が地平線から出るところを表している**ウ**です。満月は太陽の反対側に見えるので，月の入りは朝です。朝，月の中心が地平線上にあるものを選びます。

②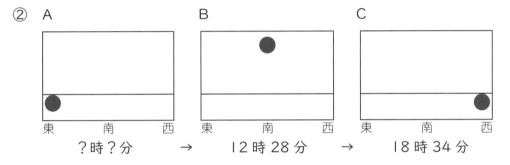

　　A → Bの時間とB → Cの時間は同じです。B → Cが6時間6分なので，Aの時刻は6時22分です。

③ 3月5日1時24分にしずんだ月は，前日に出た月です。その後，11時2分に出た月は7時間41分後の18時43分に真南に来ているので，そこから7時間41分後の3月6日2時24分にしずみます。この日の12時9分に月が出て，その月はそこから15時間7分後の3月7日3時16分にしずみます。そこから10時間5分後の13時21分に月が出てきます。

39

答え

○	×	○	○	△	×	×	△	△
×	△	×	×	△	○	○	△	○
△	○	△	△	×	○	×	○	×
△	○	×	○	○	△	△	×	×
×	×	△	○	×	△	△	○	○
△	○	○	×	△	×	×	△	○
○	×	△	△	○	×	○	×	△
×	△	○	×	○	△	△	○	×
○	△	×	△	×	○	○	×	△

 同じ記号が2つ続いているところ，1つ飛ばして入っているところや，同じ記号が3つ入っている列や□□□などに注目しよう。たとえば，右の■は入る記号がすぐに決まるよ。

答え

① **B**

②

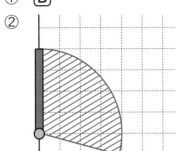

ドアはおうぎ形をえがくように動くから，★の点を通るよ。

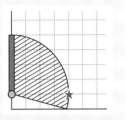

③ **ア，イ，オ**

解説

① 条件として挙げられているものと，それらをみたすかどうかを表にすると，次のようになります。

条件	A	B	C	D
駐車場がある		○	○	○
ベランダは南向きか東向き	○	○	○	○
築年数5年以内またはリフォームされている	○	○		○
あいさんの1人部屋にできる部屋がある		○	○	○
駅から徒歩20分以内	○	○	○	○

これらの条件をすべてみたすのは**B**か**D**で，スーパーとコンビニがより近くにあるのは**B**です。

この問題の解説は次のページに続きます ≫

③ **ア，イ，オ**では，たとえば次のように家具を置くことができます。

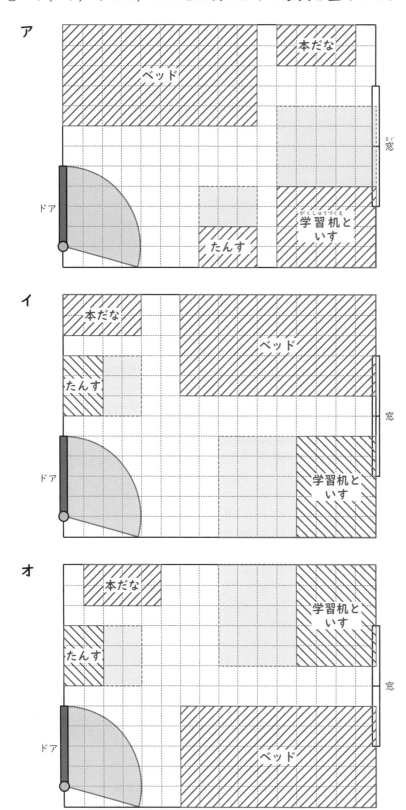

Z-KAI